U0571004

我与改革开放四十年

《我与改革开放四十年》编写组　编

中华工商联合出版社

图书在版编目(CIP)数据

我与改革开放四十年 / 《我与改革开放四十年》编
写组编. -- 北京：中华工商联合出版社，2018.12（2024.2重印）
ISBN 978-7-5158-2454-3

Ⅰ.①我… Ⅱ.①我… Ⅲ.①民营企业 – 企业发展 –
概况 – 中国 – 1978–2018 Ⅳ.①F279.245

中国版本图书馆CIP数据核字（2018）第 287456 号

我与改革开放四十年

编　　者：	《我与改革开放四十年》编写组
总 策 划：	王宝平
策划编辑：	李红霞
责任编辑：	马　燕
封面设计：	张红涛
责任审读：	李　征
责任印制：	迈致红
出版发行：	中华工商联合出版社有限责任公司
印　　刷：	三河市同力彩印有限公司
版　　次：	2018年12月第1版
印　　次：	2024年2月第2次印刷
开　　本：	710mm×1000mm　1/16
字　　数：	118千字
印　　张：	12
书　　号：	ISBN 978-7-5158-2454-3
定　　价：	68.00元

服务热线：010-58301130
销售热线：010-58302813
地址邮编：北京市西城区西环广场A座
　　　　　19-20层，100044
http://www.chgslcbs.cn
E-mail: cicap1202@sina.com(营销中心)
E-mail: gslzbs@sina.com(总编室)

写在前面

　　为宣传改革开放40年来我国民营经济发展成就，展现民营企业家中国特色社会主义事业建设者风采，编写组将民营企业家谈改革开放40年来企业发展历程和自身成长轨迹的征文整理编辑成本丛书。

　　该书分为两册，即《我与改革开放四十年》和《风雨兼程》。《我与改革开放四十年》收集了民营企业家谈改革开放中自身成长的文章，《风雨兼程》收集了讲述民营企业在改革开放大潮中发展壮大历程的文章。

　　该书以鲜活生动的事例，展示了改革开放40年来，民营企业家团结凝聚在党的周围，牢固树立中国特色社会主义共同理想，坚定走中国特色社会主义道路，以敢为人先的创新意识、锲而不舍的奋斗精神，为中国特色社会主义市场经济体制的建立和完善、促进我国经济社会发展作出了重要贡献。对大力弘扬优秀企业家精神，树立民营企业家良好形象，弘扬社会主义核心价值，深入开展理想信念教育活动都有启示意义。

《我与改革开放四十年》编写组

2018年12月

目录
Contents

改革激发社会活力

北京叶氏企业集团有限公司董事长　　叶　青

"改革开放是决定当代中国命运的关键一招，也是决定实现'两个一百年'奋斗目标、实现中华民族伟大复兴的关键一招。"党的十八大以来，以习近平同志为核心的党中央高举改革大旗，稳步推进全面深化改革，坚决破除各方面体制机制弊端，中国特色社会主义伟大事业由此步入崭新境界、结出丰硕果实。

作为一名政协委员，我有机会经常走进群众，倾听他们的心声。无论是民营企业家还是外来务工者，无论是城市居民还是农村村民，对这些年的改革，大家都有说不完的话，都有满满的"获得感"。

老百姓关心什么、期盼什么，改革就抓住什么、推进什么。挂号慢、看病贵？从预约挂号、分级诊疗，到医药分开、基本医保全面联网，老百姓的就医体验正悄然发生改变。办事难、办事慢？从简政放权、多证合一，到建立集中办公的办事大厅，让老百姓少折腾、不折腾。空气污染、堵车严重？治理大城市病与供给侧结构性改革协同作用，从促进企业转型升级提质增效，到调整结构、分配资源、疏解人口压力，努力还城市以美好和谐宜居。

不断深入的改革让广大农民平等参与现代化进程、共同分享现代化成果成为可能。改革不仅给农村带来环境的改变，更给农民带来了眼界和思维方式的改变。今天，农村拥有越来越多、越来越先进的养老院、幼儿园、卫生所、活动中心。较高的网络覆盖率、智能手机使用率，让农民成为电商和网购一族，田间地头也能观看奥运会直播，农舍小院里也在讨论国际形势。中国如火如荼的改革正为世界贡献越来越多的"中国方案"，注入越来越多的"中国智慧"。

习近平总书记在2018年新年贺词中强调，"改革开放是当代中国发展进步的必由之路，是实现中国梦的必由之路"，"逢山开路、遇水架桥，将改革进行到底。"今天，我们比历史上任何时期都更接近中华民族伟大复兴的中国梦，我们每一个人都是新时代改革开放的见证者、参与者和受益者。我们坚信，在以习近平同志为核心的党中央坚强领导下，只要把握发展机遇，更加自信地投入到深化改革的大潮中去，脚踏实地、扎实工作、奋发有为，将个人梦和中国梦紧密结合起来，就一定能在实现中国梦中获得人生出彩的机会，就一定能为新时代中国特色社会主义贡献蓬勃力量。

我与改革开放共成长、同奋进

荣民控股集团董事局主席　史贵禄

改革开放40年来，我踏着改革开放的节拍，走上了创业之路，在社会主义市场经济浪潮中搏击，在实现人生梦想中放飞。回忆自己默默走过的人生道路，真是感慨万千。

一、改革开放让我走上创业路

1965年，我出生在陕北定边县海则梁村，那里土地贫瘠，自然环境十分恶劣。改革开放前，村子没有电力设施，没有像样的道路交通，村民靠天吃饭，是全省典型的偏僻贫困村。

我从小生活在这样贫穷的环境里，9岁放驴，11岁在柳编厂学艺，13岁放羊，15岁下地务农，16岁怀揣着梦想和借来的13元钱，毅然离开生我养我的海则梁，加入农民工进城行列，只身一人到榆林闯天下，走上了人生的新征程。在榆林，我找到了第一份工作——在一家小企业干临时工。下不欺骗农民，上不坑害客商，处处讲究信用，坚持诚实经营，所以无论是经营者，还是顾客都很喜欢我。随着改革开放的深入，日用小百货需求显著增加。1982年6月，我拿着仅有的1000多元，建了一间铁皮门面房，挂起了"小百货店"的牌子，在没有什么资源、也没有多少资金、没有经营经验的情况下，开始了人生创业的大胆尝试，掀开了商海击浪的新篇章。

在薄薄的铁皮房里，我坚持了6年，自己进货，自己卖货，自己洗衣做饭。由于店里没有取暖设施，冬天温度最低的时候能达到零下40摄氏度，房子里像冰窖；到了夏季，温度最高可达零上40多摄氏度，又像住进了烤箱，热得人喘不过气来，浑身上下汗水直流。但我仍然坚持每天营业16个小时，百问不烦、耐心热情地为顾客服务。每逢阴天下雨，外面下大雨，里面下小雨，能用的雨具全盖在货物上，自己却淋得浑身尽湿。经过6年的艰苦奋斗，我终于赚到了10万元。

随着开小百货店的人越来越多，生意一天比一天难做了。我认为开饭馆门槛儿低，是一项低投入、高回报、收益快的产业。于是我果断转行，开起了便民饭馆。小餐馆开了一年多，我在心中开始谋划着更为远大的蓝图。在市场多年的摸爬滚打中，我渐渐明白一个规律：餐饮业虽然是投资小、利润大、好经营的热门行业，但选择这一行业创业的人很多，是个竞争最为激烈的行业之一，是个高淘汰率的行业。新的出路在哪？那时我发现随着改革开放的不断深入，解决了温饱的人们开始把目光投向各类新兴电器。

1988年，我经过市场调研，找到了一条新路，投资10万元，在榆林市人民中路开了一个五金、机电、建材综合门市部，开始在这个新行业发展。我以良好的产品质量，在榆林市场赢得了信誉，实现了四大扩张：一是销售地域扩张，我将所经营的五金、机电、建材产品向石家庄、天津等十多个市场销售；二是销售网络扩张，成为全国10家大销售公司榆林经销总代理；三是销售网点扩张，在榆林城区较为偏僻处设立了6个分销店，拉长了销售链条；四是产品品种扩张，坚持产品结构不断调整，档次不断提高，技术不断提升，经营品种达到5万多个。不仅满足了群众多方面的需求，而且综合商店这块"蛋糕"越做越大，10年积累财富1000多万元，引起同行业的关注。在此期间，我在西安建筑科技大学函授学习三年，专门学习了工业与民用建筑专业，随后又通过学习取得了高级工程师职称。

二、改革开放为我搭建了事业发展的大舞台

可以说，我在创业上是一个不安于现状的人，总琢磨着做更大的事情，于是，我瞄准了房地产行业。1998年，我捕捉到了商机：一是中央决定在全国范围内停止福利分房；二是银行实施按揭贷款支持。我由此预测，提高家居质量肯定会成为衣食不愁者的新要求。更重要的是，榆林是一个资源富集区，是国家能源重化工基地之一。随着国家西部大开发战略的实施，像榆林这样的晋陕蒙区域性中心城市，必将迎来大开发、大建设、大发展。大批建设人才的涌入，大批农民工进城务工，加快提升改变榆林城市面貌是历史的必然，这就决定了城市商品房消费需求潜力巨大。我在这时已拥有了市场和信誉，积累了

一定的资本。有了资金做保障，我产生了一个大胆的想法——进军房地产业，参与晋陕蒙区域性中心城市建设。这可以说是我走上创业之路后的战略性转变。我毫不犹豫地于1998年10月注册了"榆林市荣民房地产有限责任公司"，自任总经理。

随着国际、国内市场竞争越来越激烈，要使房地产开发企业长盛不衰，在浅海河滩小打小闹是不行的，必须进行脱胎换骨的改造，到深水大洋里去竞争。为此，我凭着对市场的敏锐洞察和准确判断，把房地产业发展方向定位在规模经营上，并大胆改制改造。1999年12月30日，一场简朴而又不失隆重的揭牌仪式，宣告陕西荣民集团在榆林诞生了。集团主营房地产开发，集建筑、安装、装饰、路桥工程、矿山机具、现代农业等于一体，多元发展。当时，集团是榆林市最大的房地产开发企业。至此，荣民集团实现了规模化扩张。

自20世纪90年代开始，榆林粮油公司、榆林饭店、榆林农机制造厂、榆林五金厂相继停产停业，2600多名工人失业，2600多户家庭、近一万人的生活陷入困境。如何解决这些问题，成了当地政府的一个难题。我们集团经过半年多的调研论证，向政府部门提交了4家企业的改制方案及4家企业所在区域的改造方案。通过五年时间的努力，我们成功完成了国企改制和街区改造，2600多名职工全部得到妥善安置，并为他们缴纳了养老保险统筹，这些下岗职工的生活发生了巨大变化，没有给政府留下任何遗留问题。

2004年，我抓住机遇进军西安房地产市场。集团公司践行"干一项工程、树一座丰碑、创一流品牌、塑一方信誉、拓一块市场"的建设理念,以项目开发为龙头,以精细管理为手段,奋战在竞争日益激烈的建筑领域,座座楼盘都盈利,在广大业主中树立了良好的口碑,取得了社会效益和经济效益双丰收。

近些年,我们参与棚户区改造项目面积达到8平方公里,改善了5万多人的居住环境,提升了城市的整体面貌,创造了5万多个就业岗位。

我们集团十分重视企业转型升级,根据国家发展大势和市场发展需求,不断拓展企业发展领域,明确发展方向,夯实发展基础。经过不懈努力,现在已由单一的房地产业,发展到了覆盖现代服务业、冷链物流、融资租赁、国际贸易、金融控股、航空航天新材料、文化投资、现代农业等多个领域。多年来,集团累计上缴税费近百亿元。

我们重视提高产品质量,增加社会需求,提升社会效益,强力推进科技创新,特别是我们的航天航空新材料、新技术居全国领先水平,获得军工企业资质、高新技术企业资质,并拥有9项国家专利。

三、改革开放锤炼了我的精神品质

作为一名在商海拼搏多年的民营企业经营者,我认为一个优秀的企业家要具有以下几条重要特质:

一是要有一双"市场慧眼"。紧紧跟着市场走,随着市场变,迎着市场上,能够随时注意、透视消费者心理和要求的演变轨迹,敏锐捕捉消费者需求背后的商机，投其所好，供其所需，懂礼貌、讲温情、优服务，做经营管理的有心人。只有这样，才能赢得消费者、赢得市场、赢得丰厚的经营收入，成为市场竞争的大赢家。

二是要懂政治。企业的发展命脉与社会大环境和宏观调控政策息息相关，紧密相连，创业要取得辉煌业绩，企业要健康持续发展，除了熟悉社会主义市场经济规律，还要懂政治，掌握国家方针政策和经济发展趋势。只有不断提高自身的政治思想素质，搞清楚自己的社会职责，才能使企业朝正确的方向发展。

三是把企业的快速发展放在全国经济发展的大势中去思考，把企业的进步放在全国经济结构调整升级中去推动，使企业始终跟上时代发展的脚步，让企业发展与整个社会进步合拍。

几十年来，我们从来没有偷税漏税，也没有任何违法违规行为，始终洁身自好走正道，光明正大搞经营。在生活方面，我始终保持着朴实节俭、低调做人的本色。为了节省时间，我经常坐地铁出行，到外地出差，只要事情一办完，哪怕坐最晚的班机也要返回。

四、改革开放激发了我的家国情怀

荣民控股集团在各级党委政府的重视支持下，逐步成长壮大，成为有实力、有品牌，让群众满意，为国家出力的好企业，并进入中国民营企业500强。集团先后获得了中国特殊贡献奖、全国先进就业企业、全国社会服务优秀成果奖、定点扶贫先进单位、"万企帮万村"精准扶贫行动先进民营企业等20多项国家级荣誉。我先后担任了第十一、十二、十三届全国人大代表及中华全国光彩事业促进会副会长、全国工商联副主席、中国民间商会副会长、陕西省工商联副主席、陕西省总商会副会长等职务。

我们这些民营企业能有这么好的发展平台，首先要感谢党和国家的好政策，我们既是改革开放的先行者，也是改革开放的受益者，所以我们有责任有义务实践先富帮后富，最终实现共同富裕。当前，我国正处于全面建成小康社会的最后攻坚期，脱贫攻坚任务重，企业家应该积极参与到"万企帮万村"精准扶贫行动中来，为全面建成小康社会做出应有的贡献。近些年，我们集团先后为汶川、玉树地震灾区、老少边穷地区和新农村建设等捐款5亿多元，特别是以产业带动集中连片特困地区的三个乡整体脱贫，我们扶贫的模式被陕西省政府命名为"荣民模式"，经中央统战部推荐，中组部将"荣民模式"列入干部学习培训内容。另外，我们对口扶贫的定边县海则梁乡被陕西省政府列入现代农业示范基地。

我们扶贫的海则梁、白泥井、周台子三个乡，位于陕西定边县最北端，是毛乌素沙漠的延伸段，三个乡总面积563平方公里，有30个行政村，1个移民社区，159个村民小组。过去的自然环境非常恶劣，我就出生在这个地方，深深感受到乡亲们生活的艰难困苦。我们制定了四个五年规划（2000—2020），主要是推进农业现代化、农村城镇化和农村工业化。第一个五年，海则梁乡人均收入由2000年的不足500元增加到2005年的5000多元，农民基本实现了脱贫。第二个五年基本实现了农业现代化，农民由贫困转向了富裕。第三个五年是实施农村的城镇化。我们协助县政府对白泥井镇作了整体规划。按居住10万人的标准完成了10平方公里的小城镇规划，已经建成6万多平方米的社区住宅楼。到2017年，海则梁乡人均收入达到了8万多元，其余两个乡人均收入达到了3万多元，三个乡基本实现了农业现代化和城镇化，农民由富裕转向了小康。四是正在实施的第四个五年规划。首先要完成"五大工程"和"三个全覆盖"。"五大工程"为：建成两平方公里的工业园，用于农产品深加工、肉食品深加工、农机具加工；蔬菜种植面积达到30万亩；日光大棚达到3万个；养500只羊的养殖大户达到300户；500亩的家庭农场达到300户。"三个全覆盖"是指免费医疗全覆盖、农业现代化全覆盖、人均一个日光大棚全覆盖。我们计划再捐款1.5亿元，到2020年要让海则梁乡人均收入达到10万元以上，其余两个乡人均收入达到5万元以上。其次，2018年上半年，我们应用"荣民模式"的成功经验，向周至县人民政府捐款2000万元，用于建设11740平方米的移民社区就业工厂。该工厂可为该县建档立卡的贫困户提供1000多个就业岗位，帮助1000多户贫困家庭当年实现就业脱贫，同时也对拉长该县猕猴桃产业链、增加农业产业附加值具有重要意义。

1999年到2008年的十年间，我先后担任榆林市、陕西省政协委员。十年政协委员期间，我一有时间就深入民间调查民生，先后撰写了80多件提案、社情民意报告，其中涉及三农的有36件。这些提案，八成被列为省市相关部门重点提案或优秀提案，得到了满意的答复和落实。

2008年到现在，我光荣当选第十一、十二、十三届全国人大代表。自担任人大代表以来，我积极履行代表职责，共提出高质量议案建议100多件，其中议案63件，如修改《中小企业促进法》《行政复议法》等，制定农民工《权益保护法》《信用法》《网络法》《土地污染法》《垃圾分类法》等，所提的议案大部分进入了修法、立法程序，得到全国人大、有关部委、省委及省政府的高度肯定和好评。

近年来，我多次参加省委、省政府民营企业座谈会，针对民营经济健康发展提出了许多建议意见。2017年7月，我被陕西省委聘为陕西省统战系统智库专家。我曾在主流媒体、党刊党报发表文章200余篇，著有《商海感悟》《全国人大代表史贵禄建议议案录》《史贵禄文集》等著作，并先后获得全国、省、市劳动模范，全国、省、市优秀中国特色社会主义事业建设者，全国、省、市光彩事业奖章，中国光彩事业20年突出贡献奖，全国优秀民营企业家等多项荣誉。

五、改革开放是我实现梦想的强大动力

改革开放以来，我国各项事业取得了突飞猛进的发展。目前，我国已经进入了中国特色社会主义新时代，开启了全面建设社会主义现代化国家的新征程，也开启了改革开放的新阶段。

民营企业随着改革开放的深入而得到加快发展。民营企业为国内生产总值贡献占比超过60%，技术创新和新产品研发占比超过70%，提供就业岗位超过80%，是我国经济和社会发展的重要力量。改革开放为民营企业发展注入了活力，提供了广阔舞台，现在是民营企业快速健康发展的好时期，我们一定要珍惜和感恩这个时代，要"撸起袖子加油干"，为实现中华民族伟大复兴的中国梦贡献力量。

我认为民营企业家要真正持续做好企业，实现自己的梦想，应该努力做到：

一是要有坚定的理想信念。坚定走中国特色社会主义道路，坚信这条道路是一条发展的路、富裕的路、幸福的路。要坚定不移听党的话、跟党走。只有坚持共产党领导，才能凝聚全国人民共同奋斗。实现中华民族伟大复兴的重任异常艰巨，只要我们同心同德跟党走，我们就没有克服不了的困难，就没有战胜不了的艰难险阻。

二是要善于学习，做强企业。一定要在习近平新时代中国特色社会主义思想指引下，深刻领会党的十九大精神，认清国际、国内经济发展大势，深刻理解国家产业政策，根据企业自身实际，抓住机遇，加快发展，把企业做大做强。关键核心技术是国之重器，对推动我国经济高质量发展、保障国家安全都具有十分重要的意义，民营企业要重视科技方面的投入，重视提高关键核心技术创新能力，为我国发展提供有力的科技保障。重视产业结构转型升级，顺应人民群众对美好生活的向往，不断提高产品质量，满足不同层次、不同领域人民群众个体化需求，踏踏实实把企业做大、做强，努力为群众提供更多就业机会，为社会创造更多财富。

三是要做爱国敬业、遵纪守法、创业创新、服务社会的典范。作为一名企业管理者，一定要发扬优良传统，弘扬企业家精神，努力把企业管理好、发展好。同时，我们要心存敬畏、手握戒尺、慎独慎微、勤于自省，要坚守好五个底线：坚守政策法律底线，依法合规经营；坚守道德良心底线，诚信做人处事；坚守安全质量底线，构建和谐劳动关系；坚守行业规范底线，重信用、守合同；坚守社会责任底线，回报社会，造福百姓。

四是要有社会责任感，要有家国情怀。民营企业家是社会首先富裕起来的群体，要回报家乡，积极参与社会主义新农村建设，向生活困难的群众伸出援助之手，捐款援助灾区受灾群众，积极参与社会公益慈善事业，为社会尽绵薄之力。

40年众志成城，40年砥砺奋进，40年春风化雨。这40年，我国顺应世界发展大势，不断深化改革，扩大开放，积极融入经济全球化的发展进程，不断推动了工业化、信息化全面布局和体系化发展，一跃成为世界第二大经济体，成为世界经济增长的主要稳定器和动力源。这40年，我们走过了许多发达国家两三百年所走的路。虽然这40年只是历史长河中的一瞬间，却铭刻了中华民族的一段伟大历程。习近平总书记指出："中国进行改革开放，顺应了中国人民要发展、要创新、要美好生活的历史要求，契合了世界各国人民要发展、要合作、要和平生活的时代潮流。中国改革开放必然成功，也一定能够成功！"不管国际风云如何变幻，我国改革开放的步伐不会停止，让我们同改革开放共成长、同奋进！

志存高远，人生难忘的回眸瞬间

奥盛集团有限公司总裁　汤　亮

　　记得小时候，父亲经常会给我读一些经典的古代短章，印象深刻的是诸葛亮的《勉侄书》，只有87个字，但是字字珠玑，好懂易记。父亲还对我解释道："诸葛亮在这封家书中，之所以开宗明义说'夫志当存高远'，就是因为一个人的志向是否高远，最终将决定他有没有作为。"虽然父亲较早就离我而去，但他的这番教诲，我始终铭记在心。

　　大学毕业后，我先是被分配到国有企业，后来调到机关工作。朝九晚五的职场生活虽说十分安逸，可我总感到生活缺乏一股激情。于是我报考了硕士研究生，毕业后到了国家部委工作。生活转了一大圈儿后，我感觉，自己的内心依然渴望一种更加充满挑战的生活。

　　幸运的是，我赶上了一个改革开放的好时代。特别是邓小平同志的"南方谈话"，就像石破天惊的巨雷，催生出中国每一寸土地的勃勃生机。那些年，打破"大锅饭"，告别"铁饭碗"，下海创业、实现自我价值成了时代的最强音。在我的身边，几乎每一天都能听到这样的故事。在时代的感召下，我也坐不住了，决心跳出体制，到市场闯荡，去寻找属于自己的那一方天地。

辞职创业前，我常独自徘徊在深夜的街头。父亲当年勉励我"志存高远"的谆谆话语似乎就在耳边，给了我很大的勇气。

一、从"志存高远"的战略设想起步

1997年，我在上海创立了奥盛集团。

创业之初，我为企业制定的第一个发展规划，就是要求从"志存高远"的战略设想起步，不要去吃别人嚼过的馍，要走自己的路。于是，奥盛集团从诞生的第一天起，就抱定了创新宗旨，从填补国内材料空白做起，立志在跨江越海的大型桥梁上架设起世界上最好的缆索。

奥盛的科研团队打破了国际上的技术垄断，依靠自己的核心竞争力，从中国第一条大跨径斜拉桥"南浦大桥"的跨江缆索做起，逐步走上全国各地的大桥，走上世界各国地标性的大型桥梁，使"奥盛缆索"成了"中国制造""中国智造"的象征。

今天的奥盛集团已经是一家以桥梁缆索制造产业链为核心的高科技制造业集团，连续多年位列中国制造业企业500强和中国民营企业500强，是中国制造行业科技创新的领军企业。

21年来，奥盛集团始终以科技创新为驱动，与世界桥梁工程的科技水平同步发展，并在多项新材料和新技术领域领先于国际水平。迄今为止，奥盛集团已获得重大科技成果13项，其中包括国家科技成果一等奖2个、二等奖1个，拥有123项发明专利，获得詹天佑奖、鲁班奖等国家级质量奖82项。参建完成国内外的大型地标性工程120个，为全球八百多座大桥提供了缆索结构。

回首这一路坚韧不拔的砥砺奋斗，可以说，奥盛集团完美地实现了创业时确立的目标。这个成绩的取得，首先应归功于改革开放时代的恩赐。如果没有这20年来风起云涌的中国公路交通基础设施的大规模建设，哪里有奥盛集团逐鹿天下市场的"用武之地"。

小时候读书，我只知道长江上有武汉大桥和南京大桥。如今，浩浩荡荡的长江水面上，处处有巍峨壮丽的跨江大桥，其中一半以上大桥上的缆索，都来自于奥盛。我们参与建设了海峡跨径世界第一的杭州湾跨海大桥，在建设这座特大型桥梁缆索时，我们采用了一项全球创新的新技术——主缆索股入鞍预成型技术，使得整座桥梁的架设周期缩短了57天，一举刷新了世界桥梁工程的新纪录，让全球同行惊叹不已。除此之外，我们还架设了被世人美誉为"云中漫步"的云南龙江大桥。

从今后十年看，奥盛的订单是不愁的，但是市场总有饱和的那一天。我清醒地认识到，奥盛集团必须未雨绸缪，在企业经营最好的状态下，以改革开放再出发的勇气和智慧，制定企业发展战略的升级版，对企业进行结构性调整，力争培育新的经济增长点。

如今，奥盛集团旗下已经增添了两个新的高科技企业，一个是专注于高端医疗器械研发制造的企业，另一个是制造多种航空发动机叶片的企业。这两家高科技企业，今后都将依托于奥盛材料研究所，在新材料、新工艺的研发和创新上走出一条新路。争取在不久的将来能弯道超车，整体实现奥盛集团在新时代的跨越式发展目标。

从大桥缆索"跨界"到"心脏医疗器械"，再"跨界"到"航空发动机叶片"，步子会不会迈得太大了呢？其实不然。因为从产品属性和工艺来讲，无论缆索、医疗器械还是叶片，都属于"金属材料的塑性变形加工"的范畴，都是依托于奥盛材料研究所对材料和工艺的研发。从企业发展理念来讲，都贯彻了同一个"连接"理念：大桥缆索是连接陆上的两地距离，心脏医疗器械是连接人体内外的距离；叶片是"连接"地空之间的距离。我相信，成功的"连接"，就是新时代的创新，一定能催生出新的生产力和新效率。

二、难忘的回眸瞬间在心中激荡

回顾21年来的创业历程，我有三个回眸瞬间是终生难忘的，也是时时在我的心中激荡的。

第一个难忘的瞬间是在2013年，我来到美国旧金山的奥克兰海湾，抬头仰望凌空飞架的奥克兰新海湾大桥，那像彩虹般的越海缆索，就是奥盛制造的。我站在大桥下，目睹全球观光者都在仰望巍峨的大桥，许多人还跷着大拇指说"Made in China"时，心中的民族自豪感油然而生。

奥克兰新海湾大桥是美国的新地标建筑，也是目前世界上投资量最大、技术要求最高、设计使用寿命最长的大桥。当初竞标时，全球桥梁工程界人士就说，谁拿下这个缆索工程，就等于摘下了全球大桥缆索的"桂冠"，获得了全球市场的"通行证"。

奥盛花费了近8年的时间，一直在跟踪、谈判、投标这个项目。因为这座大桥地处地震带，所以美方提出的缆索技术指标非常苛刻，要有抗八级地震能力。全球能接这活的13家顶尖企业都去投标了，大家都拿出了自己的绝活，但是最终能满足美方全部技术要求的，全球只有两家企业。在最后的"巅峰对决"中，奥盛集团旗下的浦江缆索公司依靠自身实力，一举夺标胜出。

在制造和施工过程中，我们拿出了自己独立自主研发的新技术，很多都是国际首创，获得了美方和舆论界的高度赞赏。美方聘请了40多个工程监理驻扎在工地，按照国际惯例，如果监理对任何一道程序或质量标准有不同看法时，就有权开一张"停工单"，召集施工方坐下来开会，统一意见后再开工。但在施工全过程中，浦江缆索没有"吃"过一张停工单，美国监理也不得不佩服浦江缆索一流的施工质量。奥盛的工程技术人员指挥美国工人，一气呵成地完成了工程建设，交出了优异的答卷，质量完美度受到美方的高度评价，也奠定了浦江缆索在全球行业中的"领头羊"地位。

此刻，海风吹拂起我的思绪，让我不由地想起一百多年前发生的事情：当年无数远渡重洋的华工，就在这片土地上，被洋人驱赶着，如牛马般屈辱干活，很多人命丧于此。斗转星移，今天在技术含量相当高的大桥缆索领域，中国人挺起了胸膛，这让我感慨不已。

第二个值得铭记的回眸瞬间，是在2016年的广东，当年的全球桥梁大会在此举行，我是大会的演讲嘉宾。面对来自世界各国的桥梁专家和学者，讲些什么呢？我想起了人类历史上首创以"吊"承力概念的李冰父子，想起了许多为中华崛起而奋斗的先贤们……于是，我与大家分享了一段自己多年来的感悟：

面对大海大江、高山峻岭，人类自古以来就没有畏缩不前，很早就开始思考如何用智慧来突破大自然的阻碍。无论在南美洲的陡崖峭壁，还是在欧洲大陆的深山峡谷，都能看到早期人类用森林中的原始材料，做成承载重力的悬索而渡河的遗迹。

中国是世界上最早以文字记载"悬索吊桥"的国家。公元前285年，建造了伟大的水利工程"都江堰"的李冰父子，就在山路崎岖的蜀地（现四川）建造了七座桥梁，其中就有一座以竹子为吊索的吊桥。此后，世界一千年的造桥史，实际上就是一部中国领跑世界的铁索大桥史。比如，公元前50年，中国四川建成了长达百米的铁索桥，东汉时建成了澜沧江霁虹桥，三国时建成了澜沧江功果铁索桥，隋朝时建成了金沙江塔城关铁索桥，唐朝时建成了怀远铁索桥等。

1665年，游遍天下的徐霞客写了《铁索桥记》的游记，法国传教士马天尼（Martini）阅读后叹为观止。他1667年回国后，撰写了《中国奇迹览胜》一书，被译成多种文字多次再版，西方这才知晓了以"吊"承力的中国"悬索"概念。世界科技史学家李约瑟的研究证明，只有当这些书籍出版后，中国古人在造桥时以"吊"承力的"悬索"发明才被西方认识和接受。

1915年，随着西方工业革命的成功，德国设计师借助新材料的优势，在莱茵河上建造了世界第一座大跨度的自锚式悬索桥"科隆—迪兹桥"。从此，在科技创新力量的推动下，大跨度悬索桥以"吊"承力，成为人类征服大海、大江、大山"天堑"的利器。

今天，中国古老的以"吊"承力的大智慧，化身为让世界惊奇的大桥缆索，开始续演以"吊"承力的神话，无论是新建桥梁的数量、质量，还是中国在新世纪的桥梁建设成就，都把世界桥梁的设计水平、科技成果、建设规模大大推进了一步。人类征服大自然的脚步是没有止境的。我相信，在新一代科技创新力量的推动下，更长、更大、更高的桥梁奇迹，将不断出现。

我的这个演讲，其实也是在阐述奥盛集团的历史情怀和企业精神。所以，我会时常想起这个瞬间。

第三个难忘的瞬间是2017年，奥盛集团迈出了结构性调整实质性的第一步，"跨界"到了"心脏医疗器械"和"航空发动机叶片"。在一次研讨奥盛集团的企业发展战略时，我说了一个"风筝"的故事。

许多人可能不知道，"扶摇直上万里长空"的风筝，是中国伟大的思想家墨子发明的。中华民族的代代杰出人物，都曾经为这个美丽的"风筝传奇"奉献了自己的智慧。比如，名匠鲁班为它改造了木质结构，大将韩信为它增加了竹哨音响，蔡伦造纸为它更换了材质，画家张择端更是把飞翔的风筝，画进了他的不朽名画《清明上河图》……

在我看来，风筝问世的那一刻，实际上就开启了人类"渴望飞翔"的追梦之旅。因为风筝是世界上最早的重于空气的飞行器。美国国家博物馆中的一块牌子上就醒目地写着：世界上最早的飞行器是中国的风筝。

我创办奥盛时，曾经立下过"志存高远"的志向。二十一年过去，奥盛只是实现了一个"远"字，奥盛缆索架设在全国乃至世界各国的大型桥梁上，走向了遥远的地方。进入新时代的奥盛，要开始谱写一个"高"字，让科技的"风筝"高高飞翔，创造出一个新时代的"风筝传奇"。

奥盛集团在新时代的科技创新目标，就是要把"叶片"装进中国制造的航空发动机里，让它到高高的苍穹去巡天；把微小的医疗器械"神器"送到人的心脏里，让患者的心脏依然可以强劲地跳动！

这两个科创方向，都代表了科技飞翔的"高度"。它们将与大桥缆索一起，组成奥盛集团迈进新时代的"志存高远"的方阵。

党的十九大后，以习近平同志为核心的党中央为我们开启了中国特色社会主义的新时代。我们"60后"这一代人，虽然没有赶上改革开放初期"勇敢吃第一个螃蟹"的年月，但是我们赶上了实现民族伟大复兴中国梦的好时代！

躬逢盛世，人生何其幸也！

我们一定要努力拼搏，不辜负这个光荣与梦想共存的时代！

坚守实业30年　与改革开放同行

月星（集团）有限公司董事局主席　丁佐宏

改革开放改变了中国社会的面貌。作为一位改革的亲历者，我见证了一个时代的巨变，深知今天的成绩来之不易，也更加坚定了永远跟党走的步伐。

一、时代创造机遇，机遇改变人生

20世纪70年代末80年代初，十一届三中全会召开后，改革开放的政策把中国引入经济体制改革的破冰期，也为民营经济吹来了"第一股春风"。大批踌躇满志的年轻人，对未来充满了美好的憧憬。

那时，在我的老家如皋，农村年轻人的出路通常是上大学、当兵、学手艺。上大学是最好的选择，但我家里的条件不具备；当兵呢，不给家里增加负担，但我也负担不了家里；只有学手艺，既不给家里增加负担，还可以给家里挣点儿钱，于是我选择了这条路。1981年，我随师兄一起到常州做木工，凭着一股不守成规、敢闯敢试的精神，我在改革的大潮中迅速成长起来。

从一个人开始打拼，慢慢地，我有了一个七八个人的团队。每天我的身上似乎都有使不完的劲儿。白天走街串户上门打家具，晚上劳作一天后，睡在没有安装窗框的简易房里仰望夜空，满眼"月星"入梦来。后来"月星"这个名字，就这样带着梦想的色彩印在了我的心上。

当时，中国的民营经济开始发展，一批批的乡镇企业异军突起。能够在时代大潮中抓住机遇，实在是一件激动人心的事。1988年，我花3000元注册了个体户营业执照，成立了"茶山月星木器厂"，厂房只有20平方米，员工只有7个，这就是月星集团的前身。

二、紧扣行业脉搏，打开广阔天地

1992年，邓小平同志发表了"南方谈话"，带来了民营经济的"第二个春天"。当时，月星从"前店后厂"的家具作坊起步，发展的方式比较粗放，可借鉴的经验也很少，一切都要"摸着石头过河"，但是一切都在朝着好的方向发展。从那以后的二十多年里，国家制定了很多促进民营经济发展的法律文件，为民营企业的发展规划了一条加速跑道。背靠这样的大环境，月星一路突飞猛进，走上了快速发展的道路。

20世纪90年代初期，经过多方筹资，我们筹得1000万元，上马了聚酯家具生产线，很快改变了作坊式生产，实现了工业化大生产。但在参加美国高点家具展后，我开始琢磨什么是家具业的主旋律，最后决定改上实木家具生产线。

转做实木家具后，我们改革的目标非常明确，即接轨国际、品质为先。经过考察，我们与拥有50多年历史的西班牙安第高公司签下合资协议，成为当时极少数与外资合作生产家具的国内企业。我们从原料上精挑细选，从生产工艺和流程上严格控制，这使得月星品牌一举成为高品质的代名词。

从家具制造到家具流通，这是很多业内企业发展的必由之路。随着改革开放的进一步深入，综合百货、购物中心等规模大、业态多的新购物潮流进入中国，人民的多元化需求被进一步释放。为了迎合新的市场环境，月星开始了新一轮布局。

1998年，8万平方米的南京月星家居广场开业；2000年，10万平方米的上海月星家居广场开业。其后，月星家居广场在兰州、成都、太原、郑州、南宁、长春等城市相继落地，目前已在国内覆盖150个家居广场。

在快速发展的过程中，月星家居广场始终保持着两大特色，一是体量大，二是品类全。我们在业内率先将Shopping Mall业态和家居关联商品引入家居卖场，引导家居用品一站式消费的创新理念，不仅丰富了向来只以"大件"示人的家居产品线，更满足了多元化的居家生活需求。这样的模式，也使月星在当时创下了单店日客流量达数万人的业界纪录，成为行业对标的典范。

三、立足上海发展，开启极致新服务

在改革开放的大潮中，我们很幸运赶上了民营经济的"第三个春天"。从2002年起，党的十六大召开、"私产入宪"及"非公经济36条"的出台，为民营经济的发展铺平了道路，也让我们有了进一步施展抱负的空间。

当家居业务拓展至上海后，我发现了一个更广阔的舞台。作为改革开放的前沿阵地，上海以其法治化、国际化、便利化的环境深深地吸引着我。这里所透出的锐意创新的勇气、敢为人先的锐气、蓬勃向上的朝气，让我又兴奋地萌生出了新的想法。

当时，上海的购物中心到处都有，甚至有些过剩。我想如果有一个地方，让消费者在那里可以充实地待上一天，逛商场、看表演、品美食……可以满足各种不同的需求该有多好。于是，打造一个超大型的城市综合体项目在我脑海里慢慢浮现。

经过十年打磨，总面积48万平方米的上海环球港，于2013年正式对外营业。开业那一天人潮汹涌，我内心激动澎湃。作为"一站式"的超级购物中心，上海环球港集"商旅文"模式为一体，拥有琳琅满目的商品、各具特色的餐饮和文化娱乐设施、星级化的购物环境和景观设施，获得了市场的广泛认可。

自上海环球港建成后，我们继续发扬"敢坚持、敢探索、敢挑战"的改革精神，在全国各地打造环球港项目。2016年，江南环球港开业，辐射无锡、镇江、泰州等周边一小时经济圈内十多座城市；同年，淮海环球港又开门迎客，成为淮海经济区唯一的奥特莱斯业态的购物中心……如今，在常州、苏州、徐州、沈阳等地，都有环球港的身影，承载着人民美好生活的愿景。

2017年，在新疆喀什，我们建立了上海最大的单体援疆项目——南疆环球港。它不仅为古老丝路带来"功能集聚，生活多彩"的都市品质生活，更通过"互联网+"的平台，以虚实结合的理念颠覆了传统商业模式。这个项目得到了上海市政府的大力支持，在申报和审批的过程中，没有烦冗的各个环节，没有任何显性或隐性的门槛，全程高效有序地推进，令人倍感振奋。

我想，环球港模式之所以诞生在上海，是与上海市良好的营商环境密不可分的。一是上海对标的是国际标准、国际水平，汇聚长江三角洲的地缘优势和人才资源，对各类经济具有高度的吸引力。二是普陀区委、区政府多年来对区内企业大力支持，各项扶持政策全面落地，也坚定了我们发展的信心。月星可以说是一家很重感情的企业，从1999年进入上海普陀区发展，便把根扎在了普陀区，不管投资到哪里，总部都在上海普陀区。

新时期，人民的生活状态与水平发生了迭代式的变化，中国迎来消费升级的新发展。在这样的形势下，上海着力构筑发展战略优势，特别是彰显功能优势、增创先发优势、打造品牌优势、厚植人才优势。为与之相匹配，月星也开启了新一轮发展。

新消费时代，月星提出了打造"极致服务体验、居家文化中心、新消费中心"的新理念。其中，打造"新月星家居"的举措，主要围绕年轻化、场景化、个性化、宽泛化而展开，主动寻求"跨界"经营，使月星家居广场成为全方位的居家生活采购中心；打造"新消费中心"的举措，则是将环球港文化、旅游、商业的业态融合，让消费者在舒适的巨量建筑空间内"吃喝玩乐购，一天嗨不够"。

四、家国情怀，打造新时代民族品牌

作为一名中国民营企业家，我深知伴随大国崛起所肩负的历史使命。在改革开放的40年里，企业家已不再是单纯的个体，而是被赋予了很多社会责任。我相信很多民营企业家和我一样，心中都有一份家国情怀，希望为中国经济做出更大贡献，希望中国民族品牌更加闪亮。很高兴这样的愿望，一步步地离我们更近了。

党的十九大的召开，明确了从中国制造向中国创造转变、中国速度向中国质量转变、中国产品向中国品牌转变的理念。在此指引下，新华社甄选了一批优秀的民族品牌，要让它们代表中国走向世界。2017年12月，月星入选了新华社"民族品牌工程"，自此"月星家居"和"环球港"两个品牌有了更广阔的发展空间。这是我们不懈努力的结果，也是社会对我们的一种认可。

2018年春节，一批中国优秀民族品牌组团亮相美国纽约时代广场大屏，向全球华人送上新春的祝福。让我自豪的是，"月星家居"和"环球港"两大品牌连续11天，以每天数百次的频率在纳斯达克塔楼大屏幕上不间断呈现，充分展示了我们的品牌实力和文化自信。对这一份荣誉，我分外珍惜。

我深知今天的成绩来之不易。在入选"民族品牌工程"后，月星上下齐心协力，以"民族品牌工程"为新的起点，为满足人民对美好生活的需要不懈追求，为打造民族的家居品牌、生活消费品牌而努力求索。我们坚持"初心如一、方得始终"的企业文化基因，坚持"匠心如一、方得品质"的产品理念，坚持"感恩如一、方得民心"的责任意识，积极践行"一带一路"倡议，推动"月星家居""环球港"品牌创新发展。

2018年适逢改革开放40周年，我作为一名全国政协委员，很荣幸地参加了全国"两会"，亲身感受了党和国家对民营企业的关怀。政府坚持"两个毫不动摇"，坚持权利平等、机会平等、规则平等，认真解决民营企业反映的突出问题，让我真正感受到了党和国家对民营企业的关心，也进一步提振了我们的信心。作为中国的民营企业家，我们要不负春光、与时代同行。

"两会"中还有个插曲，我在接受央视《新闻联播》记者采访时，对着镜头说："中国的经济在从数量向质量转变，以习近平同志为核心的党中央抓到点子上去了，抓到了我们的心坎上去了！"我说出的每一句话都发自肺腑，每一个字都表达了我的心声。

五、奋发图强，献礼改革开放40周年

40年风雷激荡，40年岁月峥嵘。民营企业在改革开放中为中国的经济做了很大的贡献，但作为改革开放的参与者、见证者、受益者，

我深深地体会到，没有改革开放这个"大创业"背景，就不会有一个个民营企业的"小创业"成果；没有改革开放后国家不断夯实、培育民营经济发展的土壤，就不会有我们民营企业今天的开花结果。

2018年，月星集团已经走过30年创业征程。30年商海驰骋、峥嵘岁月，有多少历史可以钩沉，有多少得失值得回味。作为一家历经30年发展的企业，月星集团深知肩负的责任与使命，我们要在追求利润的同时，积极承担广泛的社会责任。

站在改革开放的新起点，我们又迎来新一轮发展。作为剑指"百年老店"的企业集团，我们也将不忘初心，砥砺前行，奋力开拓"心中的家"；在瞬息万变的行业大潮中，我们将激流勇进，以更加奋发有为的精神，为中华民族伟大复兴的中国梦贡献更多智慧！

在创新中传承　做一名老字号企业的"真工匠"

天津狗不理、同仁堂、宏仁堂董事长　张彦森

光阴如梭，时光转瞬。改革开放的伟大决策，如春风吹拂神州大地已有40年。于个人而言，已是半载人生，作为中国改革开放的见证者和受益者，我要感谢这个时代，感谢改革开放和"一带一路"倡议推动了中国经济全球化的布局。

一、乘改革东风，下海迎来人生转折

我出生在河北吴桥，吴桥素来有"人间游乐无双境，天下杂技第一乡"的美称。所以，年幼之时，在耳濡目染中，我自然而然就习得了杂技的真谛，练就了一身的好功夫。1971年的时候，凭借过硬的专业技能，我考进了天津杂技团。22年的杂技团工作生涯，让我与天津这座城市结下了不解之缘。人生的转折点在1994年，感恩于改革开放，正是有了改革开放的东风，我才能有如此大的勇气下海经商，走出我人生的另一片天地。由于在杂技团工作的经历，所以，我创业之初，就以文化交流为主业，先后在天津、北京注册了科工贸和文化艺术发展等几个企业。当时，我利用电视传媒开创"电视购物"和"电

视选房"的独特营销方式，成为那个时期最为时尚的一股新潮流。

1999年，我经过认真的市场考察和调研之后，认识到餐饮业已成为社会经济最活跃的增长点，于是我又成立了森永泰餐饮有限公司，陆续开设了中华炖品酒店、三六三酒店和117花园别墅等六个风味独特、品位高雅且景观壮丽的酒楼。天津人素来讲吃、懂吃，也会吃，老饕众多，喜欢品尝美食的人一定对这几个与众不同的酒店不陌生。这几个酒店不仅为天津的餐饮市场增加了一道亮丽的风景，也为后来的发展积累了后劲儿。

在中国改革开放的大背景下，医疗卫生系统也开启了改革的历程。2000年，改革逐渐向纵深发展；2002年，医药行业开始GMP认证。天津同仁堂是一个已有200多年历史的老字号，但设备陈旧、技术落后，年亏损380万元。当时面临医改，只能向社会吸引投资才有可能通过认证。要不要参与同仁堂的改制？我心里经历了很复杂的斗争，一方面是严重亏损的现状与尚未可知的前途，另一方面，这个企业确实已经是传承了百年的老字号，其品牌价值早已深植民心。最后，我以一个民营企业家的责任和担当，以改革开放之勇赋予的胆识，下定决心联合合作伙伴一同投资了同仁堂。更换设备、改造基础设施、更新软件系统，我一边让企业发展，一边解决各种实际问题。就这样，在改制的第二年就顺利通过了国家GMP认证，使同仁堂跻身于现代化制药企业的行列。后来，我与合作伙伴又参与了宏仁堂老字号的改制。全新的经营理念让这两个企业在改制后不仅在经济面貌上发生了根本的转变，而且科技方面也取得了巨大进展，先后获得多项国家专利。宏仁堂的"逐血胶囊"在2008年取得了单品销售额过亿的成绩，成为天津市中医药行业第三个单品过亿的产品。

二、国企改革大势所趋，一锤定音的津门情怀

随着时间的推移，中国改革开放的步伐已经驶入快车道，部分国企大面积亏损、债务重组，改革势在必行。2004年冬的一天，当时我正在香港考察市场，无意间翻看《文汇报》时，一则"天津狗不理饮食集团的国有资产要整体退出，以1500多万元起价拍卖的形式转让"的消息引起了我的注意，经确定消息属实后，我决定立刻回津。

天津的"狗不理"毕竟与一般企业不同，它不仅在天津家喻户晓，而且在全国都具有很高知名度，同时也是有着深远影响的品牌，在天津这个城市的经济文化中占有不可忽视的位置。因此，决定拍卖之日起，就在社会上引起了强烈的反响。天津相关管理部门设置了"投资者要追加注册资金3000万元""必须得到狗不理原班领导层认可"等多项竞拍内容。除此之外，如果我想参与竞拍，竞拍所需资金要经过同仁堂董事会的同意与拨款，当时董事会中不乏极力反对的声音。但是，我对老字号情有独钟，更看重天津这座城市的文脉。民族情怀始终支撑着我，即使面临内外部的巨大压力，我想参与竞拍的决心也丝毫未减。后来经过多轮董事会的探讨，最终，董事会给我授权6000万元竞拍资金的上限。

2005年2月28日，我去产权交易中心的路上，车里的早间新闻广播开始报道"狗不理"拍卖的消息。并且将参与此次竞拍的企业逐一做了介绍，我凭着这些年在商界的经验，预感到这次竞拍不会轻而易举，如果没有8000万恐怕拿不下来。就这样，我怀着忐忑不安的心情仓促上阵了，拍卖会定于上午10点正式开始。8点30分，参加此次竞拍的各方面相关人士以及中央电视台等各路权威媒体陆续走进会场。拍卖会准时开始，几轮角逐下来，竞价15分钟之后就推到了8000万元的关口。现场气氛越来越紧张，我意识到，这场竞拍到了这时已经不再是简单的钱的问题，而是关系到能不能留住天津文化的"魂"。"狗不理"是天津的品牌，是这座城市的文化积淀，不能就这样被外地企业家买走。虽然这时价位已抬升到远超于"狗不理"本身价值的8000万元，但我的心情却异常坦然，超出的价钱由我自己承担，我也要把"狗不理"留下来！随后的竞价趋于白热化，在激战153个回合之后，我以1.06亿元拍得"狗不理"。

三、重启辉煌，举步维艰的企业改革

竞拍成功后，我并没有感到任何的轻松，首先是注册资金与竞拍价钱，巨大的金额着实是不小的压力，在经过多方努力后终于支付了首付款和增资款，此次拍卖才算彻底有效。2005年3月8日，我作为"狗不理"新的掌门人来到企业，迎接我的是一个接一个尴尬的局面，先是原企业领导层与职工的不信任与不配合，而后是大大小小犹如无底洞的债务纠纷。面临这种种的困难，我感到步履维艰，甚至觉得比在当初竞拍时遇到的情况还要艰难。虽然情况如此糟糕，但我内心坚定，为了给企业员工鼓劲儿，我在各种场合一再表示决心，一定要尽快改变现状，尽快让企业步入正轨。就这样，过了十几天，企业里终于有人被我打动了，纷纷表态一定配合我的工作。我从开始连办公室都没有的境地，一点一点用真诚的心打破了僵局。

有了大家的配合，我的干劲儿更足了，一手抓发展，一手抓治理，这其中的甘苦和艰辛只有我自己知道。当时面临的主要问题，一是资金紧，二是管理队伍的短缺。我想尽一切办法，通过能够利用的所有渠道为企业筹集资金。我的心里很清楚，只有有了资金，企业才能发展，员工才能信任企业。有了可支配的资金，改制当年就建起制馅中心厨房，在西青开发区建起了现代化的速冻食品厂，在南市食品街和水上公园旅游景点接连创办了两家"狗不理"酒楼，之后又陆续投建了20多家错位经营、不同类型的酒楼。除此之外，解散了从市场和企业之间谋取不正当利益的物流公司，重新审核"狗不理"加盟商的资质，联合相关部门开展全国性打假工作和收回海外抢注的商标权等一系列改革措施。

后来，我经过一段时间的实践，觉得定位是一个很关键的问题，市场消费者分为很多层次，要想把"狗不理"做强做大，就要覆盖到所有阶层。于是，我开始调整经营结构，创新商业模式，针对本地大众消费人群，推出人均60元、70元左右的家庭品质套餐；新增了品质优、品种多样化的早点，大众消费进得来、吃得好、能常来。针对旅游群体，融入更多地域文化和地域历史名菜，挖掘、包装人文故事，增强消费体验与附加值。而对于城市高端消费人群，打造洋楼型、商务型酒店，满足消费者高品质的生活需求。2016年，狗不理集团全年接待服务顾客超过280万人次，2017年的营业收入再次实现两位数增长。

与此同时，我们成功研发出"狗不理"包子专用自动化生产设备，其中自动投料系统和电脑程式控制拌馅系统有效解决了和面、制馅工序；全自动成型系统完美实现了"狗不理"包子半发面、十八个褶自动成型；螺旋一体化自动线设备和自动包装设备解决了速冻、包装一体化的难题，不仅实现了产能翻番，而且减少了生产过程的人员接触，避免了食品污染。

站在时代"风口"，我们主动出击，树立"老字号+互联网"思维，布局天猫、京东等主流电商平台，开设美团、饿了么等线上外卖平台配送窗口，不断拓宽企业销售渠道，为老字号在快速更迭的时代中注入了发展新动能。除了电商平台，狗不理集团正快速进入便利店市场，2017年与7—11、罗森等多家连锁品牌便利店合作，铺货数量超过3000家；进入阿里巴巴"盒马鲜生"北京和深圳的线下门店销售；与京东旗下便利店运营公司签署战略协议，按照京东的1万家便利店发展战略，"狗不理"的产品将遍布全国各地。

四、投身国家重大战略，追求卓越，扬民族之魂

随着中国产业今天的不断进步升级、全面深化改革步入深水区、"一带一路"倡议的提出，我深知，改革开放40年来，时代在不断给予我们新的机遇。作为新时代的企业家，在国家高质量发展的要求面前，势必要把提高企业发展质量和产品质量摆在首位。唯有这样，"百年老店"才能持久经营与传承，传统技艺才能代代流传，老字号才能做强做优。

在市场的大潮中，不进则退，慢进亦退，只有跟上国家"走出去"的战略步伐，才能不断获取新的增长引擎，只有在国际竞争中历经考验，才能让民族品牌勇立潮头。近年来，狗不理集团不断尝试海外单店加盟、平台合作、渠道嫁接、技术转化、股权投资等模式，先后尝试在韩国、日本、新加坡、加拿大、澳大利亚开设"狗不理"餐厅，积累境外拓展业务经验；有意识谋求与大平台、成熟网络进行战略合作，与拥有世界500多家机场餐饮经营管理权的英国SSP公司签订了战略合作协议；英国、法国等国际机场店随时等待现有铺位合同到期品牌调整招标。老字号民族品牌在国际高端商旅客群中的影响力越来越大。

如今，中国已是全球第二大经济体，中国企业只有跟随"一带一路"倡议走出去，拥有整合全球资源的能力，才能不断增强企业的竞争力，让企业获得持续发展的活力。基于这种考虑，我带领团队先后

收购了澳大利亚知名保健品老字号Blooms与生物科技公司BJP,未来"狗不理"将会充分利用当地符合标准的制造工厂车间、出口标准、销售网络,全面实现"狗不理"包子生产本土化、销售国际化,从而让世界了解到"狗不理"包子这种符合人类健康的食品。同时,澳大利亚保健品老字号Blooms的产品技术在国内可与天津同仁堂、宏仁堂实现资源嫁接与互换,对拓宽医药行业的发展模式有很大的帮助。BJP作为研发益生菌前沿的科技企业,其消化与吸收更佳的第三代益生菌技术,将有助于"狗不理"包子半发面发酵更充分,营养吸收更快,而具有革命性的益生菌新技术将有效替代国内饲料中抗生素、添加剂的使用,让肉类食材更加安全可靠。新时代的"狗不理"将始终以"大健康"的时代发展理念作为企业战略导向,力求充分满足我国人民对美好生活的需求。

感恩改革开放给予的时代机遇。我将以毕生的精力去守护振兴民族品牌的夙愿,"狗不理"、天津同仁堂、宏仁堂三家中华老字号将与"新时代"同频共振,带着光荣与梦想,不忘初心,昂首阔步,为做知名中国百年品牌的宏伟愿景继续奋斗!

迈向中华民族复兴的伟大时代

贵州神奇集团董事局主席　张芝庭

光阴似箭，中国改革开放已走过了40年的伟大历程。伴随着改革开放的步伐，贵州神奇集团从单一产品起步，经过30多载砥砺奋进、顽强拼搏，现已发展成为以制药业为龙头，集教育、医疗、房地产、酒店、百货、印刷、金融等行业为一体的企业集团。40年，历史长河一瞬间，中国GDP总量跃升至全球第二，人民生活水平正接近全面小康，改革开放的成就举世瞩目。追思既往，心潮澎湃。没有共产党就没有新中国，没有共产党就没有改革开放的新时代，也就没有贵州神奇的创立与发展。回顾祖国40年来的变化，感触颇深，体会良多。

一、党的坚强领导是改革开放取得巨大成就的根本保证

改革开放是党领导的建设中国特色社会主义、振兴中华民族的伟大事业。从十一届三中全会到党的十九大，四十年来改革开放的实践充分证明，只有在中国共产党的坚强领导下，国家的现代化、社会的全面进步、人民的幸福及中华民族的伟大复兴才能实现。

二、思想解放是改革开放得以不断推进的重要先导

40年来的实践表明，每一次思想解放都极大地推动了改革开放向前大步迈进。神奇集团三十多年来的发展也证明，解放思想，打破阻碍生产力发展的旧框框，勇于进取、勇于实践，敢于担当，是企业生存发展的重要保证。因为实践发展永无止境，所以解放思想也永无止境。解放思想不是凭空臆想，必须以实事求是为基石。

三、广大人民群众的获得感是改革开放的强大动力

中国共产党代表中国先进生产力发展的要求，代表中国先进文化的前进方向，代表中国最广大人民的根本利益。改革开放的目的是极大地解放生产力，使国家富强、人民幸福。改革开放40年，7亿多人脱离贫困，建立了覆盖全体城镇居民的社保体系，农村社保取得较大进步，人民生活水平普遍极大提高，幸福指数不断攀升，获得感不断增加，人民拥护是改革开放的巨大动力。

四、法治的不断完善是改革开放有序进行的重要条件

公平、公正的社会必须建立在法治基础上，改革开放40年来，法制建设成效卓著，法律体系日益完备，法治观念深入人心，人民群众守法意识和通过法律维护自身权益的意识极大提高，人民享受着法治带来的良好社会秩序，法治国家初步形成。法治环境的不断完善为国

家的健康发展、社会的安定与全面进步创造了重要条件

五、社会主义市场经济体制的确立是改革开放的重要基石

1992年，党的十四大决定把建立社会主义市场经济体制作为改革的目标。神奇集团也是伴随着社会主义市场经济体制的确立，得到了快速、多方面的发展。可以说，建立社会主义市场经济体制，是党中央最为英明的决策之一。1992年，中国GDP为4269亿美元，2010年中国GDP为58786亿美元，从世界第10跃居为世界第二大经济体，仅用了短短18年时间，社会主义市场经济体制的建立和完善功不可没。

六、社会的全面进步是改革开放最伟大的收获

改革开放40年来，不仅经济快速增长，更重要的是社会取得了全面进步。制造业的许多重要领域，如高铁、工程机械、造船、通讯、电子、互联网、家电、汽车等已进入或接近世界先进水平，国家科技实力大幅增强，军事科技与发达国家的差距不断缩小，接受高等教育的人口比例迅速提高，交通等基础设施让发达国家惊叹，社会日益安定、有序、和谐。总之，改革开放最伟大的成就是国家日益富强，社会全面进步。

改革开放40年所取得的成就是伟大的，但也要清醒地认识到，我们仍然是发展中国家，迈向现代化强国的路还很长。为此，作为一位在健康、医药、教育等领域奋斗30多年的民营经济工作者，对下一步

改革开放有着以下几点衷心希望：

一是进一步强化产权保护。产权制度是国家最基本的经济法律制度，"有恒产者有恒心"，国民对自己的合法财产有安全、放心的预期，有利于激发先进生产力，保持社会稳定与长治久安。民间资本外流，削弱了我国经济，不利于国家长远发展。国有产权与私人合法产权应享有平等保护的法律地位。改革开放以来，党和国家在产权保护方面做了卓有成效的工作，取得了巨大进步。我认为宪法、民法、物权法等立法层面和执法实践方面都还有对产权保护进一步的改进空间。

二是改革税收结构，减轻企业负担。迄今为止，流转税仍为国家税收的主要来源。然而，过高的流转税不利于企业的创业、创新，中国经济正从量的增长向质的提高转型，创新、重质将成为企业发展的主要推动力。因此，希望在新的历史条件下，能大幅降低流转税率，国家税收要从以流转环节为主逐步转变为以利润环节为主（利润多则多交）的方向进行结构改革，以降低企业负担，推动企业创新、重质发展，从而提高整个国民经济运行品质。

三是继续深化医疗体制改革。医疗体系事关民族体质、国民幸福与社会公平，全体人民均应享受与当代经济和医学发展水平相适应的医疗保障。医疗改革最低目标应该是从根本上杜绝老百姓"因病返贫"。我国应把全民免费医疗作为医改的终极方向，无论公立医院还是私立医院都不能成为暴利获取机构，医生群体的收入应建立在医术高超与疗效基础上，而不能通过患者因病变贫而获取高额收入。我们应该深入研究东亚国家（如日本、韩国等）的全民医保制度，从中汲取适用的经验。

四是完善药品生产法律体系，强化药品品质监管。前不久发生的长生生物假疫苗事件，反映出我们在药品生产与品质监管方面所存在的疏漏。希望下一步的改革要极其重视对药品生产、流通、应用环节的有力监管，完善相关法律制度。除建立生产、销售假药重罪处罚制度外，还要建立对监管失责、渎职进行问责问罪的强力制度，铲除假药、劣药的生存土壤。同时，要建立优质药企的保护褒奖制度。疫苗这类关系国民生命和民族体质的药物，应掌握在国家手中，不能完全市场化。药品流通领域的改革也要同步进行，就像房屋是用来住的一样，药品是用来治病的，而不是用来让倒卖者致富的，更不能成为医院、医生的高额创收手段。在强化知识产权保护的同时，要根据国情考虑医疗医药的平民化措施，保障老百姓能用得上、用得起优质药，以提高人民的健康水平和民族的身体素质。

五是加快养老体系建设步伐。我国在二十世纪五六十年代生育高峰期出生的人口正在步入老年，加上二十世纪八十年代起实行的独生子女政策，使我国社会正面临着巨大的养老压力。国家养老体系的建立和完善必须充分调动公办和民办两种资源的积极性。鉴于目前和今后一个较长时期，我国老人的退休金普遍不高，注定养老行业必然带有强烈的公益性质。希望下一步改革充分考虑这一刚性约束条件。对民间资金投入养老行业的，给予切实有效的政策支持与财政转移支付扶持，平抑大众养老成本，保障养老品质。同时把医疗引入养老，形成有效的医养结合模式，使我国的老人都能安度晚年，减轻作为国家建设生力军的子女们的后顾之忧，以保持社会稳定，保证经济建设顺利进行，提高人民幸福指数。

六是深化教育领域改革，构建一流教育体系。建设富强民主文明和谐美丽的中国，基础在教育。经济发展、社会全面进步需要多样化的人才，与此相应，教育也应在保障党的教育方针得以贯彻的前提下，多样化地发展。公立教育与私立教育应优势互补，协同发展，为国民提供多种选择。既要保障大众化教育、平民教育的发展与质量，也要容纳精英教育、精致教育的存在与发展。希望能对民间资本投资教育进一步加大政策支持力度，特别是要大力提倡和鼓励民间资本兴办公益性教育机构。要把民间资本兴办的非营利性教育机构与公办教育机构的相同待遇落在实处。对于特定历史条件下产生的独立学院这一独特形式的民办大学，要促进其转型，发展为真正意义上的民办高校。国家在财力上支持民办学校特别是民办高校的发展，这可以使财政资金产生巨大的放大效应，从而产生巨大的社会效益，有利于教育的多样化与培养更多的社会主义建设者和接班人。

七是进一步提高政府职能行政效能。中央的好政策，还须通过各级政府职能部门贯彻落实。希望强化各级政府部门对中央政策精神的准确理解领悟，并能结合各地实际情况，有效贯彻落实。把从人民根本利益出发，"不唯书，不唯上，只唯实"的工作理念深入"官"

心，化作政府各级领导的自觉行为，全面提高行政效能，以促进经济健康发展，增进人民福祉，建设富强民主文明和谐美丽的中国。

总之，希望通过进一步的改革开放，早日实现中华民族的伟大复兴。

改革开放交响曲中的均瑶音符

上海均瑶（集团）有限公司董事长　王均金

改革开放40年，是中国发生巨变的40年，是中国经济腾飞的40年，也是中国企业家风雨成长的40年。长歌浩荡，改革的进程与成果不仅全面改变了中国，也深刻影响了世界。均瑶集团就诞生在改革开放的大潮中，在时代的指挥棒下，在跌宕起伏的乐曲中，紧跟时代的步伐，上下求索，守正出奇，为这支影响中国命运的曲目增添了独一无二的均瑶音符。

一、第一次——跟上改革开放的节拍

一切从我的家乡温州市苍南县的渔村——渔岙说起。改革的春风伴随着滚滚潮水，不知疲倦地拍打着渔岙村的岸边。阵阵涛声如命运之神的召唤，拍醒了辛勤劳作收入艰难的乡亲们，拍醒了睡梦中的我们三兄弟。

如果不是那股改革开放的时代大潮唤醒了蕴藏在我们身体里的创业激情，我可能会是一个如父辈一样的本分渔民。20世纪80年代中后期，我们三兄弟背上编织袋，加入了温州十万购销大军。创业初期，我们陆续做过很多行业，不干胶、饭菜票、徽章，从简单的挣钱开始，追逐自己的梦想。温州交通不便，渔岙更是一个三面环山、一面环水的偏僻小村，要坐十多个小时的汽车，才能换乘火车。那时候，火车椅子下一睡十几个小时是家常便饭，尝遍了各种艰辛。

我们三兄弟在生意场上摸爬滚打的头十年正是中国经济体制改革的萌芽期，我们是浙江"四千精神"（历经千辛万苦，说尽千言万语，走遍千山万水，想尽千方百计）的践行者，我们总是在政策走向出现变动时第一时间嗅出商机。然而，当时我们也没有预料到，我们这些践行者的拼搏会成为民间力量突破旧体制的急先锋，成为践行改革开放的排头兵。当时的温州商人就像余华在《兄弟》一书中写的那样，"他们像野草一样被脚步踩了又踩，被车轮辗了又辗，可是仍然生机勃勃地成长起来了"。

机遇与命运玄妙可叹，风雨兼程、心无旁骛全力奔跑的我们，第一次跟上了改革开放的节拍。1990年9月，亚运会在北京举办，我们把握机遇，参与了亚运会旗帜、徽章、招贴画的供应，一举完成了原始资金的积累，也奏响了迈向成功的第一个音符。

二、飞天梦——开启实现人生梦想航线

16岁就背井离乡闯荡世界的大哥王均瑶拥有天不怕、地不怕性格。在1990年的春节期间，在从长沙回温州的长途大巴上，大哥因为一句玩笑话，竟决定包飞机，以解在长沙做生意的温州人长途跋涉回

乡之苦。在叩开湖南省民航局的大门后，我们遭遇了不曾预想的困难和艰辛，然而"飞天梦"的激情让我们勇往直前，解决跋涉之苦的初心让我们所向披靡。在盖了一百多个图章后，承包的"长沙—温州"的航线终于被允许开通。1991年7月28日，一架苏式"安24"型民航客机从长沙起飞，平稳地降落于温州机场。此事令我们名声大噪，"胆大包天"事件被媒体誉为改革开放的经典案例广为流传。

然而，包机动静闹得太大，引起了大家的争论，就在包机项目差点被叫停的时候，改革交响曲再次奏响命运的号角。1992年，改革开放总设计师邓小平同志在"南方谈话"中指出"改革开放胆子要大一些"，以此，我们的"胆大包天"才得以继续发展下去，才有了1992年的国内首家民营包机公司——温州天龙包机有限公司的成立，才有了2002年，均瑶集团作为民营企业从"边缘"首次进入民航主业——入股东航武汉有限公司。

"胆大包天"的创举，让蕴藏在我们身体里的企业家精神从一点星火，燃起了冲天的激情。没有这种激情，碰到困难就会退缩，有了激情，就可以勇往直前。

正是这样的激情与初心，让"飞天梦"不断翱翔。奥斯特洛夫斯基在《钢铁是怎样炼成的》一书中写道：人生最美好的，就是在你停止生存时，也还能以你所创造的一切为人民服务。2004年，大哥王均瑶英年早逝，但"飞天梦"没有因此陨落，带着兄长的遗志，我和均豪继续发展飞天事业：2005年6月，均瑶集团获准筹建上海吉祥航空，次年9月实现首航；2014年2月再下一城——由吉祥航空控股设立的九元航空经国家民航局批准在广州筹建，当年实现首航。

在航空板块发展的同时，均瑶集团搭建空中桥梁，解决出行难的初心依旧。吉祥航空开通了很多支线航线，这些支线目前都没有其他航空公司飞，你说我们飞不飞？我们飞！因为这对于当地来说是架起一座跟经济发达地区连接的桥梁，可以促进当地经济发展，这是社会责任的一种体现。目前，上海参与"一带一路"建设，浦东国际枢纽港建设已经提上日程，吉祥航空也将以枢纽港利益最大化为原则，参与到浦东国际枢纽港建设，服务于上海的交通网络建设，加入到"一带一路"的建设中。

与改革开放基调的无缝契合成就了均瑶集团的飞天梦想，也让我们明白只有紧跟改革开放的节奏，只有为社会创造更多的价值，企业才能发展壮大。于是，在包机的同时，1994年6月，"在一杯牛奶强壮一个民族"的感召下，我们创办了温州均瑶乳品公司，均瑶乳业开始起步。在全国建立乳业生产基地，销售网络遍及全国，逐渐做大了乳业的均瑶品牌。1998年10月，我们拍得温州市区出租车经营权，均瑶出租车以先进的国际化经营理念进行集团化运营操作。在促进温州出租车行业从第一代家庭经济运作方式到第三代集团化经济运作方式的历史性转折中做出了巨大的贡献。

三、金融梦——做金融体制改革的探索者

新世纪的到来，对于中国来说又是里程碑式的一年，北京申奥成功点燃了华夏大地，成功加入WTO使中国经济慢慢脱胎换骨，与国际游戏规则接轨开启"入世"征程。在改革的主旋律下，中国经济和企业的成长道路虽然曲折，但前行的方向却不可逆转。

随着"国际化现代服务业"的步伐不断加快，均瑶集团将自己与上海这座城市的发展紧紧连接在一起，2004年1月，近8万平方米的上海均瑶国际广场建成并投入使用，成为上海第一幢以民营企业冠名的甲级商务楼。2004年6月，中共均瑶集团有限公司委员会成立，成为上海第一家直属社会工作党委的民营企业党委。新华社电文称：均瑶集团成立了中国"级别"最高的民企党委。从此，均瑶集团这条在浩瀚大海中航行的小舟有了前行路上指引方向的"船舵"。

海茫茫且浩瀚兮，汝须日夜而扬帆。

2005年，"非公经济36条"，即《关于鼓励支持和引导个体私营等非公有制经济发展的若干意见》的出台，使我国经济体制改革迈向一个深层次的成熟阶段。2006年，全国"两会"上确立了上海要率先大力推进国际经济、金融、贸易、航运中心的建设。踩着这个时间节点，"摸着良心"经营的均瑶集团对于自己的航线日益清晰，确立了"为社会创造价值，建国际化现代服务业百年老店"的企业使命。均瑶集团先后参与了无锡市商业大厦的改制和武汉市汉阳区房地产公司

的整体改制，并积极探索公益事业新模式，参与改制上海市外国语小学和外国语中学，致力打造"百年名校"。同时，我们还在上海市场深耕细作，以不停探索的精神践行改革的政策。

2013年，上海作为全国深化改革的"领头羊"，奏响了尤为重要的改革之音：中国（上海）自由贸易试验区成立、"上海国资改革20条"发布。在第三波金融改革的机遇期，为了更好地参与上海金融中心的建设，服务实体经济发展，均瑶集团作为主要发起人将全国首批、上海首家民营银行——上海华瑞银行设立在自贸区。我们以"百年老店"的理念确立了华瑞银行的"历久恒新，百年华瑞"的企业愿景及"服务小微大众、服务科技创新、服务自贸改革"的战略定位，我们坚持守正创新，努力探索差异化特色经营模式。2016年，华瑞银行成为中国首批投贷联动试点银行。

同样是在2016年，在上海新一轮国有企业混合所有制改革的大背景下，均瑶集团又一次打响改革的"第一枪"：将1979年老一代工商业者创立的爱建集团重归民企阵营。

思者常新，恒者远行。

均瑶集团创业激情已转化为耐久坚持的"恒心"，转化为肩负使命的"担当"。我在集团例会时多次提出："企业所有的投资都要以促进社会进步为原则，以给社会做加法为理念发展产业。"我们希望爱建集团和华瑞银行都成长为上海金融中心建设的"创新基因"、"活力细胞"，为中国实体经济服务，做金融体制改革的探索者。均瑶集团以航空运输、金融服务、现代消费、教育服务、科技创新五大板块积极参与"五个中心"建设。

均瑶是我们的，更是社会的。

已识乾坤大，尤怜草木青。

企业有持续发展能力与社会责任是联系在一起的。回望来路，"感恩"二字油然而生。我们始终怀着感恩的心在经营企业，回馈社会是我们义不容辞的责任与义务。

打开时光轴，1999年，均瑶集团从跟随中国光彩事业促进会组织的"光彩三峡行"来到三峡库区，开启了三峡库区支援建设之路。此次光彩行结束之后，均瑶集团当即宣布在三峡坝区的宜昌市投资兴建乳业基地，实施"万户奶牛养殖计划"，打通上下游供应链，重点帮助解决库区移民就业难题。十多年来，均瑶集团在三峡库区累计投资10亿元人民币，带动了5000人就业，并推动当地产业升级，这成为我们支援三峡库区建设的最好答卷。

2001年，均瑶集团是国内企业中第一批向联合国递交《全球契约》承诺书的企业，我们在发展企业的同时更注重回馈社会、多为社会创造价值。而且，在参与公益事业、光彩事业方面，一直以积极饱满的姿态走在前列，争做先锋。2003年，均瑶集团捐款1000万元设立大学生志愿服务西部计划基金。我数次以全国政协委员、全国人大代表的身份为促进民办教育的发展递交建议和提案，并一直关注中西部地区的教育均衡问题，关注教师的培养。均瑶集团在上海市徐汇区、四川省都江堰、新疆喀什、贵州毕节分别设立了"均瑶育人奖"奖教基金，通过奖教基金培训、鼓励优秀教师扎根一线，持续为国家教育事业的发展贡献力量，目前已有几千名教师从中获益。2009年，均瑶集团创立了中美杰出青年项目。截至2017年年底，累计资助选送了300多名杰出青年赴美参加培训，培养了一批又一批有理想抱负、有坚强意志、有综合能力、有国际视野的"弘毅之士"。2008年5月12日，汶川发生大地震，均瑶集团向汶川灾区累计捐款、捐物、免费运送救灾物资累计逾650万元……

二十多年来，均瑶集团充分发扬富而思进，扶危济困、义利兼顾、德行并重的精神，并在实践中以义为先，在发展企业的同时更注重回馈社会、自觉履行社会责任，先后投入10多亿元用于光彩项目帮扶，10多亿元用于教育事业，过亿元用于各种公益活动和慈善事业。

2016年，根据中央统战部的指导和部署，我们以实际行动贯彻"精准扶贫、真抓实干"的国家战略。捐赠1亿元，在中国光彩事业基金会下设立"光彩·均瑶扶贫济困专项基金"，主要用于帮助贫困地区和贫困人口脱贫及进行基础建设等。在公司设立"均瑶集团精准扶贫行动领导小组"，我担任组长，先后在贵州望谟、湖北宜昌、云南陇川、甘肃文县四地开展了精准扶贫工作。因地制宜、精准施策，通过"产业扶贫、就业扶贫、智力扶贫、助学扶贫"的创新模式参与精准扶贫。

我们在贵州望谟设立了"均瑶集团精准帮扶洛郎基金"，首批投入1000万元，采用"公司+龙头企业+种植大户+贫困户"的模式，以

"国家脱贫攻坚计划"为任务，以"均瑶集团帮扶项目"为职责，建设望谟县"万亩板栗高产示范园"，通过五个步骤完成了板栗从种植到加工、销售的闭环链条：一是吸纳建档立卡贫困户到示范园务工；二是聘请农技专家指导种植大户和贫困户学习板栗种植技术；三是资助每户种植10亩板栗；四是制定万亩板栗高产示范区核心区整体规划和实施步骤；五是帮助龙头企业通过航空食品审批，成为吉祥航空的机上食品，使其增加销售渠道和提高产品品牌知名度，使得"授之以渔"成为突围贫困的利器。均瑶集团对贵州省望谟县洛郎村的扶持范围覆盖了从生产到市场化的所有环节，已经形成了较为成熟的模式。除了在资金上进行帮扶外，均瑶集团还在管理上提供帮扶。选派优秀党员干部到当地挂职，专职从事、开展和领导精准扶贫工作，帮助当地企业、贫困户提升管理水平。

均瑶集团成立27载，在改革开放的广阔天空中展翅翱翔，开创了改革开放史上多个第一：第一个私人承包飞机航线，第一个成立民营包机公司，第一个民营企业入股民航主业，第一批筹建民营航空公司，发起设立全国首批民营银行……这些"第一"串成了均瑶成长的印记，同时，均瑶的发展旋律也为改革开放的交响曲增添了别样的音符。

未来，我们将恒心恒新，砥砺前行，继续谱写新的篇章！

以国产密码核心技术助力网络强国建设

上海众人网络安全技术有限公司董事长　谈剑峰

2018年是改革开放40周年。四十年来，中国的社会与经济都发生了翻天覆地的变化。国家改革开放、现代化发展所取得的突出成绩，印证了以党的理论与实践为指导，坚定理想、求真务实的中国特色社会主义发展道路是改革开放的正确方向。

改革开放不仅增强了我国的综合国力，也对广大民营经济起到了振奋士气的积极作用。它使得中国经济在新的历史环境和时代机遇下不断迸发出新活力，不断打破束缚，也不断挑战困难险阻。四十年的奋勇前进，最终结出了丰硕的成果。

在获得一系列卓越成就的今天，中国在改革开放的道路上继续前行。习近平总书记说过，"不忘初心、牢记使命、永远奋斗"。作为一名在信息安全领域创业的老兵，我已在国产密码核心技术领域奋斗坚守了十余年，而且未来还会坚定地在创业道路上走下去。

一、创业维艰，目标明确

我与互联网结缘很早，中国1994年接入互联网，我1997年就进入这个领域，和两个好伙伴一起，成立了国内第一代民间安全技术平台"绿色兵团"。

我的创业与"密码"相关，创业契机源自于打网游。因为经常发生游戏账号被盗，我就开始思考，怎样才能把账号密码保护起来。当时国内的密码保护产品普遍使用U盾，而国外普遍采用的是动态密码产品，使用起来更便捷、安全。2007年，我找了从游戏里认识的五个小伙伴，开始了自己的"密码"创业之路。

我一直认为，安全是基石，互联网不能成为建立在沙漠之上的海市蜃楼。网络安全关系国家安全，一味采用国外技术，就等于自己的命脉被别人掌握，因此我们必须走自主创新的路子。

那时国内还没有相关技术标准，国外的资料也极为有限，我们只能从零开始研发。我和我的团队夜以继日，困了就找个角落眯一会儿，醒了就继续查资料、编程序、补漏洞。通过近一年的研发，我们终于搞出了在动态密码技术中使用的安全芯片和产品。

密码技术是信息安全的核心，与核技术、航天技术并称为国家安全三大支撑技术，国家对此有很高的准入门槛。当时动态密码技术在国内还是一片空白，我们的产品要想进入市场，必须通过层层安全评审和检测，获得各个主管部门的许可，光是技术测试就有297项。我们一场场地跑评审、做测试，花了近四年，才把相关许可证照拿到手。

在申请认证的这四年里，公司没有一分钱收入。但是做测试要花钱，公司日常运营也需要钱，曾经有一段时间我几乎每周都要拎个包出去借钱。说实话，太难熬了，曾有过很多次想放弃，但是我的团队给了我力量。曾经连续四个月发不出工资，但50多个员工没有一个离职，甚至大家还不断鼓励我再坚持一下！

2011年，我们的iKEY动态密码身份认证技术获得国家密码局、国家保密局等相关部门的许可，并被中科院认定为"填补国内空白，国际先进水平"。满心欢喜地憧憬着未来，但新的难题又摆在了我们面前。

由于是新技术、新产品，开拓市场十分艰难，尤其进入金融领域更为敏感。我们的主要目标客户是政府和金融系统，在拜访客户时，被问到最多的问题就是"你们有没有案例？"我的回答很无奈，你们不给我们机会，我们就永远没有案例啊。

功夫不负有心人。2011年，上海浦东的一家知名券商给了我苦苦盼望的第一个订单，尽管这张合同的金额不多，但从此以后，我终于可以告诉客户，我有案例了！

随着客户风险意识的提高，使用我们"中国芯"的用户越来越多，目前已经超过了3亿，在国内动态密码市场占有率超过60%。不仅如此，我们还牵头制定了动态密码领域的国家标准和相关行业标准，其中"国家标准"还成为国内首个被国际上采用的身份认证领域的技术标准。

2015年12月，我们花了两年多的时间，不断攻坚，在技术上取得了新的突破，自主研发了创新性密码体制——SOTP技术。这项技术再次填补了国内空白，并获得了多项国际发明专利，相信未来将会给移动互联网和物联网应用带来一场颠覆性的变革。

2017年5月27日，我作为6名企业家代表之一，走进了全国年轻一代民营企业家理想信念报告会的现场，向党和国家领导人以及全国各地的企业家同人作报告。怀着一种使命感，我在报告会上分享了自己的创业故事，深刻感受到党和国家领导人对我们年轻一代民营企业家寄予的殷切期望，也深感肩上责任的重大。

创业十年，一路走来，离不开党和政府的关心和支持。有人说，我的创业是成功的，可我觉得在创业道路上我才刚刚开始，只是比别人在同领域多跑了几步。我的创业目标很明确：中国人的密码技术、安全产品，就得我们中国人自己控制。我认为，科技型企业要根据市场的应用需求决定技术的研发方向，要深挖核心技术，走以"核心技术+商业模式+人口红利+全球化"为特征的发展路径，才能在未来对世界互联网的发展产生一定的影响力。希望我们的技术和产品不仅能为我们国家的网络发展保驾护航，而且能在国际舞台上大显身手。

二、建设网络强国，创新是关键

习近平总书记说过："互联网核心技术是我们最大的'命门'，核心技术受制于人是我们最大的隐患。"最近，中美打响了贸易战，两国之间展开了激烈的对阵和博弈。我认为这次贸易战的重点不只是经济战，也是技术战。美国全面限制对中兴等企业的芯片出口，使中兴迎来了史无前例的重大危机，这给我们国内的芯片行业敲响了警钟。如今，我们国内使用的芯片、操作系统全是国外研发的。《人民日报》发文：我国将不计成本加大芯片投资。我觉得发展中国自主研发的芯片技术与产品迫在眉睫。我们应该学习国外的成功经验，走出适合自己的发展道路。

2018年4月20日至21日，全国网络安全和信息化工作会议在北京召开。习近平总书记发表重要讲话，明确了建设网络强国，推动中国成为全球数字经济的引领者，为国际网络空间治理贡献积极力量的发展思路。习近平总书记也曾明确指出"我们仍要自力更生，核心技术靠化缘是要不来的"。以前，我们在很多中外合作的行业里都存在市场换技术的情况，但事实证明，市场不能换来国外的核心技术，所以自主研发属于自己的核心技术才是发展之道。

以我所在的信息安全行业来说，如今我们自主可控的核心技术和安全产品越来越多，当地基打牢了，才能真正建起属于中国人自己的高楼大厦。我们要突破创新，狠抓核心技术，早日走出国门，在世界的舞台上展现中国人的技术实力。"路漫漫其修远兮，吾将上下而求索"。我希望我们国家的现代化建设和互联网发展能日新月异、欣欣向荣。

在2018年的"两会"上，我作为全国政协委员，提交了《关于加大我国网络信息完全产业投入的建议》的提案，再次提出了三点建议：一是要从战略层面实现网络安全的体系化、层次化及标准化设计；二是要制定积极、主动的网络安全产业发展政策；三是要在信息化采购中增加信息安全产品和服务的比例，拉动自主产业发展。希望通过网络信息安全的角度，为新时期的国家发展建言献策。

信息化时代，网络安全产业并非孤立存在，其发展滞后也会阻碍其他产业的升级发展，更谈不上以数字化与网络安全形成经济发展新动能的双轮驱动。希望大家关注安全行业，支持安全行业，因为点点滴滴的个人安全，汇聚起来就是国家安全。

三、展望来路，信念是立身之本

在当今改革开放的新时期，民营企业家们都面临着很大的压力，因为逆水行舟、不进则退，而支撑我们的，正是心中坚持的那份理想信念——对中国特色社会主义的信念、对党和政府的信任、对企业发展的信心、对社会的信誉。

人生如屋，信念是柱，理想信念是一个人的立身之本。个人的命运只有融入时代的主题中，才会得到真正的肯定，才会获得真正的成功。产业是强国之基、兴国之本，而企业是产业的基础。今后，我将继续瞄准世界前沿领域和关键核心技术，"咬定青山不放松"，努力推进信息安全技术创新，提升竞争力，把企业做大、做强、做好，践行自己"科技报国"的理想，以国产密码技术为我国建设网络强国贡献一份力量。与所有有理想、有信念的创业者们一起努力，踏上中国改革开放、繁荣富强的新征程。

不忘初心，行稳致远，
让每个家庭生活更幸福

上海复星高科技（集团）有限公司董事长　郭广昌

我是一个从农村走出来的孩子，很小的时候就有一个简单的愿望，希望家人能够生活得更好、更幸福。时至今日，复星已经有能力并且已经在为更多的家庭创造健康、快乐、富足的生活，这一切都受益于中国共产党领导下的改革开放。作为改革开放的亲历者，我深刻感受到了改革开放为中国经济社会及每个家庭带来的巨大变革，也深感我们党进行改革开放的伟大和高瞻远瞩。

一、感受时代召唤，创立复星

1992年，是改革开放的"又一个春天"，邓小平同志的"南方谈话"，坚定了中国改革开放的方向，让改革开放进入了又一个高潮，国家的各项政策进一步鼓励了各种经济实体的产生，社会中改革的活跃气氛也不断透过校园的围墙，影响着身处于学校中的我们。感受到时代的召唤，我拿出准备出国留学的3.8万元，毅然和几位复旦同学离开学校，以此为启动资金，在上海成立了复星的前身"广信科技咨询有限公司"。

创业之初，感受到全国人民富国强民的梦想，也看到国家对于经济建设的迫切需求，我和同人提出了"修身、齐家、立业、助天下"的文化价值观，希望通过商业的手段让中国、让世界变得更加美好，这是复星的初心，也是我个人的初心。也正是基于此，1994年我们将"广信"正式更名为"复星"，希望复星成为中华民族伟大复兴过程中一颗闪亮的星，为改革开放的进程提供些许光热。

二、立足普陀，扎根上海

习近平总书记说过上海要继续当好全国改革开放的排头兵。自改革开放之初，上海就以排头兵的身份，用政策与服务支持着一家又一家初创企业的发展。作为一家上海的本土企业，复星这二十多年的发展让我对此有更为深刻的感受。

在当时那个年代，下海创业的人很多，大家虽然都投身于那个时代，但大部分的人都是边做边学、边走边看，因为什么都是新的。在大浪淘沙的过程中，当时很多的企业很快就消失了，而正是因为上海的包容和开放，复星才得以存活并茁壮成长。

我还记得当时普陀区提出了"服务是普陀的第一资源"的理念，在让我们感到很惊喜的同时，也让我们对普陀区充满了期待。后来复星选择落户在普陀区，更是感受到了这样一以贯之的服务理念，发展中的些许小事直至今日，每回想起，心中还充满感动。

有一次因为我临时要去新加坡出差，需要在一个月内办好签证。当时办理签证的程序很复杂、时间也很长，从提交申请报告到普科委、科委同意后行文给普外办政府，再交由分管副区长签字后报市外办，分管副市长批完后去组织部政审，所有手续都完成后才能去办理因公签证。复星的同学跟我说怎么着也要两个月的时间。后来，在我出行前没多久，他们告诉我签字办好了，原来是当时科委主任真的把企业的事情当成自己的事情，不仅帮助我们联系前后的流程，而且从头到尾帮着我们办理，这种服务的态度和精神真的让我印象深刻，非常感动。

三、深化党建，行稳致远

2001年，中共上海复星高科技（集团）有限公司委员会成立。时至今日，我还可以非常自豪地说，复星是上海市第一家成立党委的民营高科技企业。

虽然我个人不是党员，但是复星对党建工作的重视从未落下。自成立伊始，复星党委就在上级党委的坚强领导下，坚决贯彻落实党的路线方针政策，坚持发挥党组织在企业中的政治核心和政治引领作用，并把推动企业健康发展作为第一要务，同时也将创新精神贯穿到党建的各项工作中。

尤其是党的十九大以来，复星党委更加紧密地团结在以习近平同志为核心的党中央周围，深入学习贯彻十九大精神和习近平新时代中国特色社会主义思想。我经常和复星的员工说，复星要始终坚持行稳致远的发展，我们要遵循的是合规、透明的文化，所以实时学习党的领导思想对于我们更好、更稳的发展有着非常重要的意义。走得快并不是我们的目的，我们要秉承自己的初心，一步一步踏实去做，用稳健、长远的发展为更多的家庭带来更加幸福的生活。

四、植根中国，面向全球

如果没有改革开放的伟大实践，就不会有复星的全球化。在国家对外开放的大格局下，在经济全球化的大趋势下，中国企业开始直面外国企业的竞争，看到像通用、西门子这样能够代表各自国家的大型跨国企业到中国发展，我们也非常希望成长为能够代表中国企业去全球参与国际竞争的民族企业。2007年，复星国际在中国香港上市。在"走出去"的过程中，我的心里一直有两点想法：

一是在复星全球化的过程中，我们一定要搜索全球最好的产品和服务，希望能够网罗全球最优质的产品和最前沿的技术，将它们引入中国，提供给中国的家庭客户，而在这个过程中，基本上所有的产品和服务我都要亲身体验一番。比如，我们的地中海俱乐部，还有刚刚在三亚盛大开业的亚特兰蒂斯，都极具产品力。

二是对于国际前沿的技术，一方面，能否在引入中国的基础上，利用我们国家自己的研发团队，在国外的技术上进行新一轮的研发？另一方面，能不能与全球优秀的科学家团队合作，从技术源头着手，自主孵化、自主研发，形成我们自主的技术。这是复星在全球化的过程中，我一直在思考和努力解决的问题。经过十几年的努力，我们欣慰地看到这两个问题都取得了阶段性的成果。

五、科技引领，聚焦产业

一直以来，我们都致力于将复星打造成一家科技引领的企业，希望用科技的手段改变人们的生活，推动社会的进步和经济的发展，以此让人们生活得更加幸福。在发展之初，复星就聚焦在医药产业上，研发出了"PCR乙型肝炎诊断试剂"并填补了市场空白。到了1998年，复星实业（后更名为复星医药）更是得益于上海对科技企业的重视和对民营企业的关心，成为第一家登陆上海证券交易所的上海民营科技企业。资本市场助推了复星医药产业的创新研发实力，自主研发的生物医药产品种类也日渐丰富，多种产品达到了国内、国际的领先水平。

在企业不断发展的过程中，我也一直在思考企业发展战略的进化，如何能够通过商业的发展和科技进步让人们生活得更加幸福，是我们矢志不渝所探索和追求的。在产业不断进化的过程中，复星逐渐明确了深耕健康、快乐、富足产业的发展定位。围绕健康、快乐、富足的产业，复星以自主研发、自主孵化、全球整合吸收先进技术的方式，在各大产业板块打造核心科技实力，并以科技实力驱动产业向更高处发展。

这其中，受益于改革开放后日益浓厚的科研科创氛围，受益于教育水平的不断提升，复星得以引入大量的科研人才并持续加大科研投入，近年来，我们前期的布局将陆续产出成果。

在医药健康领域，复星九年前自主设立的单克隆抗体研发平台复宏汉霖，已经成为全球领先的单抗研发企业；近期，复星与美国领先的细胞免疫疗法企业Kite Pharma在中国合资建厂，引入其全球最为领先的CAR-T免疫细胞治愈癌症的疗法，并推动其在中国的产业化应用；复星还自主孵化了专业从事医疗影像AI产品研发的"杏脉科技"团队，其已先后两次刷新全球权威人工智能医疗影像肺结节筛查大赛"LUNA16"的比赛成绩，荣获双榜全球第一。

在快乐领域，复星投资了基于客户个性化大数据定制服装的酷特智能，以工业化的手段、效率和成本实现了个性化产品的智慧智造，也因此在央视《大国重器》节目中亮相。

在富足领域，复星尤为注重科技与金融的结合，我们的量化派是国内最早使用AI技术进行信用评估和反欺诈的科技金融企业；我们投资的德国NAGA，将社交与投资交易相结合，并已经在德国上市。

2018年伊始，复星宣布成立了全球科技创新中心，并承诺未来3年在科创研发领域投入不少于200亿元，未来十年不少于1000亿元。复星的科创中心将重点布局物联网、人工智能、云计算、大数据、区块链、机器人、新材料、新能源等领域的先进技术，孵化、培育、投资独角兽，为企业、为社会、为国家的科技进步不断贡献力量。

六、新时代，用C2M让每个家庭生活更幸福

改革开放40年，我们的社会和经济发展取得了长足的进步，中国已经成为全球第二大经济体。过去，我们曾处于供给满足不了需求的阶段，也由此产生了大量生产同质化产品的企业。随着这些企业的不断扩容，我们已经从供给不足发展到同质化的供给过剩。但是在新时代，随着消费的不断升级，人们对于美好生活的向往已经不仅仅满足于这些产品的生产，而是追求更加定制化、个性化的产品和服务，所以我们的商业逻辑也进入了新一轮的改革阶段。

为了满足人们对于美好生活的向往，为了让客户生活得更加幸福，复星提出了C2M的战略，C2M是英文"Customer-to-Maker"的缩写，希望通过供应链的重构打通消费和制造端，从而实现客户与产品生成端无缝链接。C2M强调客户参与到产品、服务和内容从设计到呈现的过程中，减少中间环节，让制造端能快速、工业化和大规模、低成本地响应与满足客户的个性化需求，生产"不一样"的"令人尖叫"的产品，从而为客户创造更多的价值。在C2M以追求极致产品力的过程中，我本人也将作为复星的首席产品体验官，将真正健康、快乐、富足的"爆款产品"提供给我们的消费者。

2018年是改革开放40周年，也是复星发展的第26年。回顾复星过去的发展，我们感恩于改革开放培育了民营企业发展的土壤，让我们不断在改革开放的沃土下成长、壮大；我也感恩于这个伟大的时代，让我得以亲历并见证了祖国翻天覆地的变化。

改革送春风　奋斗写春秋

春秋国际旅行社（集团）有限公司董事长　王正华

在我的职业生涯中，幸运地经历了中国历史上波澜壮阔的改革开放大潮。自从1978年党的十一届三中全会吹响改革开放的号角，春秋企业得益于改革开放的春风，得益于上海这块成长的沃土，成为中国改革开放的亲历者、见证者、受益者。

一、十年初创，率领知青艰苦创业

1978年12月，党的十一届三中全会确定了以经济建设为中心的正确路线。时任上海长宁区遵义街道党工委副书记的我，接到区委一个艰巨的历史任务——解决返城知青就业问题。

在长宁区党委的支持下，我没要国家一分钱，组织返城知青办了汽车修理厂、客运公司、货运公司、出租车公司、旅行社和刺绣厂六家企业。

经过3年打拼，汽车修理厂造出来第一辆汽车，卖了两万多元。客运公司每天有40辆大客车往来于上海与苏北城市，货运公司每天约有70笔生意。大家干劲儿十足，企业经营得红红火火。

在那风气渐起的时代，我响应党的号召，毅然决定离开体面、稳定的公职岗位，率领知青们艰苦创业。当时，国内发展相对落后的是旅游业，不需要大规模资金投入也能滚动发展。根据欧美的出行趋势，我判断，旅游业必将成为群众性、大众化的消费热点，前景无限。所以我选择了开办旅行社。

那时，正是1981年12月，是改革开放的第三年。

20世纪80年代的旅行社都是国字号，只有国旅、中旅、青旅三家，担负的也是民间交流往来的重任，当时称得上是"第二外交部"。

春秋旅行社的注册登记号是007号，上海第7家旅行社，也是中国最早一批旅行社。30多年前，十多位青年和一个两平方米的铁皮亭是春秋所有的财产。在中山公园对面、当时的20路电车终点站旁边的角落，我开始了第一次创业。没有政府背景、没有财政支持、没有稀缺资源，依靠的只有自己。

当时大多数旅行社还只一门心思做团队游，旱涝保收，钱赚得安稳。一本《世界旅游及其哲学》让我如获至宝，这本书为我指明了旅游发展的方向，我开始让春秋旅行社专做"散客成团"。但办社初期，手中没有一点儿钱，员工没有一个懂行人，专业知识是一张白纸，营业场所是一个小摊位，经营十分惨淡。

面对困境，我告诫员工"艰苦才能创业，创业永远需要艰苦"。当时火车票十分紧张，我就带着大家到火车站通宵排队筹措车票。白天奔波，晚上请旅游专家上课，摸索培养了中国第一批导游队伍。

第一笔生意，是带28人的团队到苏州。大巴是借的，油票是向亲戚朋友"讨"来的。不认路，还要忍受司机的责难。顾不上吃饭，晚上还要帮忙洗车。但是，有生意做，就有了希望。

到20世纪80年代末，春秋营业规模从1万元发展到1415万元，利润从0元增长到44万元。

二、从上海第一走向全国第一

1992年，邓小平同志发表了著名的"南方谈话"，他指出"改革开放的胆子要大一些，敢于试验""看准了的，就大胆地试，大胆地闯……"

20世纪90年代初，也是中国早期互联网的开端。我从一开始就认准，IT技术会深刻地改变这个世界。从90年代初开始，春秋就尝试与国内大学的专家合作做IT系统。由于对旅游业务不太了解，系统不接"地气"，始终没有使用。

彼时，春秋散客成团的业务发展渐渐遇到瓶颈——由于全凭人工操作，手动改写票板，庞大的业务量非常容易出错。没有IT技术的支撑，业务扩展会受到很大限制。

大胆试，大胆闯！

我聘请了英国留学的技术专家，自主开发了诺威网络平台（Novell Netware），告别了手工票板的传统，实现了全国联网，全国统一出票、统一财务结算，在国内首创了科技兴旅的先河。

在上海运作成功后，春秋的工程师每天背着电脑去郊区、去县城推广网络，一个门店一个门店安装系统，日复一日，最终在全国形成了3000个电脑联网的网络零售店，为全国各地的散客成团打下了扎实的基础。

国内市场逐渐成熟，我开始考察学习欧美国际知名旅行社的业务运作模式。旅游要发展，需要引进新的生产力。1997年开始，春秋大胆使用了包机业务——把整个飞机的座位都包下来。

当时，航空公司从欧美经上海回北京的飞机，回到上海后一半客人下了飞机，飞北京时就空了一半座位。我冒着巨大的风险，将这部分空座位包了下来。

将空余座位填满后，飞机从上海到北京基本不增加成本，大概一架飞机人均成本增加20元，但是每个空座位卖出去的票价是几百元。一进一出之间，不增加任何投资，航空公司半年多就净赚了一亿元，有效提升了利润水平，春秋也充分利用了闲置资源，实现了双赢。

20世纪90年代中期，海南正经历痛苦的楼市泡沫，地产商纷纷撤出房地产市场。当时没有一架飞机飞三亚。我经过游说又包下了航空公司的机票，组织了大批游客赴海南，结果一炮打响。

7年包机，春秋旅游累计包机3万架次，覆盖全国30余座城市，客座率保持在99.07%，营业规模从4.1亿元扩大到28.9亿元，净利从249万元增加到6603万元，并为开办航空公司积累了丰富的经验。

三、二次创业，春秋飞向蓝天

想办航空，无疑是痴人说梦。当时航空公司都是国有，哪有民营企业的半点儿机会。但我一点也没有气馁，机会始终留给有准备的人。

1997年起，春秋旅游每季度都要向民航总局送一份报告，内容很丰富：旅游包机是怎么回事；旅行社、旅客、航空公司各有什么得益；包机成功的关键点在哪里；怎么去提高客座率等。这被民航局的同志热情评价为"春秋现象"。

2003年年底，党中央、国务院宣布要打破国企对民航业的垄断，允许非公有资本进入垄断行业和领域。2004年1月，中央召开新闻发布会，有记者问到"是不是打算开放民营进入航空业"的问题时，时任民航总局局长杨元元不假思索地回答："有一家大的旅游社，我们准备批准他们办航空公司。"

经过一年多的筹备，2005年7月18日，随着春秋航空的第一架飞机冲上云霄，春秋拿着办旅游攒下的全部家当，开始了第二次创业。

这番创业又走出了一条新路，创造出了中国民航史上的多项第一：第一家由旅行社办的航空公司；第一家自建销售系统的航空公司；第一家定位于低成本大众化商业模式的航空公司。

为了降低成本，在上海两大机场的支持下，春秋航空自行设计了航班离港系统，震惊了中国民航界，每年节约成本几千万至上亿元。一张简化的登机牌，成本仅0.03元，和普通登机牌的0.4元相比差了10

倍，一年也能为公司节省近百万元。

除了技术创新，我还带头节俭。公司办公楼租用的是20世纪80年代的大楼，我和CEO合用一辆轿车，出差就住快捷酒店，有时还住地下室等，但是在人才、员工、安全和培训方面，我们非但不省一分钱，还要将资金投入大幅度向这些方面倾斜，如在浦东自贸区投资了8亿元兴建飞行员培训中心。

2008年，上海的一场大雪让虹桥、浦东机场的飞机都"趴"在地上，大量旅客滞留在机场。机场和驻场的传统公司都出动了价值百万元的除冰车，我们则出动了自行设计的"土炮"，造价仅4.5万元，先用扫把、抹布扫除冰雪，再喷洒除冰液，和大雪拼搏。当春秋航空的飞机凌空而起时，其他公司的飞机大都还没起飞。这种"土炮"精神一直激励着春秋永远奋斗。

2015年1月，春秋航空成功上市，是中国第一家民营航空上市公司。

春秋航空从开航的3架飞机发展到如今的84架飞机，是中国最大的民营航空公司。2017年，运输旅客1716.91万人，实现营业收入109.71亿元，净利润12.62亿元。

四、感恩党的改革开放，感恩时代

改革开放的伟大时代给予春秋发展的机遇。企业做大做强了，个人富裕了，千万不能忘本，要感恩党的改革开放政策，感恩社会、感恩政府，要回报员工和人民。

春秋集团2017年营收185亿元，纳税总额12亿元。2006年至2017年累计纳税总额50.9亿元。春秋从不欠缴一分钱，近40年的诚信被誉为"春秋大义"。

我将70%的股份分给了优秀骨干，员工同心同德，和企业发展共命运。大家都说，在春秋拼命干，既是为国家干，也是为公司干，归根结底是为自己干。

春秋集团和员工个人累计捐资1900万元，设立"中国绿色碳汇基金会为地球母亲专项基金"，在河北康保县四千余亩沙化退耕地植树造林。当地平均海拔1450米、年降雨量（雪）小于350毫米，蒸发量却达1500毫米，当地人都说"种活一棵树，比养活一个儿子还难"。春秋以"北京少几颗沙子，康保多几片绿叶，农民多几元钱"为目标，在康保种活了28万棵树。

公益活动在公司蔚然成风。旅游会展部发起"温暖帕米尔"，对接资助132名新疆喀什塔县贫困学生。航空为云南儿童免费承运爱心物资，为长宁区500户特殊家庭组织免费公益旅游等。春秋集团获评第八届上海慈善之星。

五、牢记使命，不忘初心再出发

改革的春风，让春秋有幸成为中国经济创新发展的组成部分之一，为发展壮大大众民航事业贡献了力量。

　　让我感触最深的是党的十八大以来"两个毫不动摇""三个没有变"等重要论述，为民营企业的发展保驾护航，更为鼓励民营企业创新发展、争创国际一流民族品牌铺平了发展的道路。

　　不忘初心，牢记使命。我始终强调人必须有信仰，公司的党建工作我一直亲自抓。作为集团董事长、党委书记，我坚持开展理想信念教育，亲自为基层党员上党课，每次党课上，都会有50余名员工在活动现场向党组织递交入党申请书。春秋响应党的号召，率先完成了民营企业党组织全覆盖，多次被评为市、区先进基层党组织。"把骨干培养成党员，把党员培养成骨干"的理念成为党组织助推企业发展的核心动力。

　　为实现"两个一百年"奋斗目标和中华民族伟大复兴的中国梦，实现上海打造"四大品牌"的重任，春秋集团一定会拿出改革开放再出发的勇气，不忘初心、牢记使命、努力奋斗。春秋集团也将争做航空、旅游领域的排头兵，加快建设民航、旅游的大众化、国际化，推动中国经济取得新成就、形成新优势，助力中国梦早日实现。

改革开放四十年
——与时代共舞

福中集团董事局主席　杨宗义

改革开放四十年来，中国以空前的创造性，向世界证明了自己的勇气和格局。这其中，中国民营企业40年的成长历程，是改革开放的重要内容之一。身为福中集团的创始人和领头人，我从二十三年前开始看着福中从珠江路上的一个电脑门店，一步一步发展成为中国民营企业百强之一；也见证着这个伟大的时代中，中国的企业家群体不断发展壮大，中国的企业家精神一步一步地演变形成。现在回头再来看福中走过的一个又一个足迹，仍然心潮澎湃。福中的发展历程，也正是这个伟大时代的一个缩影。

在我看来，企业的发展必须始终紧跟中国经济的发展周期，在每个阶段精准把握宏观形势与社会发展趋势，不断创新求变，才能时刻与时代共振共舞。我把中国经济从改革开放到今天的发展划分成三个阶段，福中集团经过3次转型和3次创业，在每一次的变革发展中，都深刻地烙下了时代的印记。

1978年到1998年是改革开放以来中国经济发展的第一个周期，国家发展的重心渐渐由改革开放前的"重"往"轻"转型，人们开始解决吃、穿、用的问题，特别是食品、饮品、保健品、纺织品、家电、电脑等吃穿用领域，这成为企业发展的契机。

福中在1995年进入IT行业。凭借独创的"前3年包换，后3年保修"的3+3服务，改写了IT行业的规则，在全国IT行业和媒体中掀起了巨大波澜。而福中也从珠江路上一个30平方米的小门店，一步步发展成为每天销售电脑100万台的珠江路第一店。连锁直营、特许加盟……福中的IT事业越做越大，占据珠江路上电脑销售的60%以上的市场，在全国建立了30家分公司，覆盖20多个省市，成为中国五大电脑品牌之一。

1998年到2014年，中国经济发展进入从吃穿用等领域过渡到房地产等相关上下游、进出口贸易和互联网领域的第二个周期，从上一个周期的"吃穿用"过渡到了"房贸网"。这个阶段中国经济中的产业发生了变化，房地产和城市化建设开始崛起，商品房制度全面推广，而外贸进出口自主权全面开发，使得大量资本进入到产业的上游领域。同时，随着电脑的逐渐普及和互联网的出现，一批重要的互联网企业诞生，如新浪、搜狐、网易、腾讯、百度、阿里等，都诞生在1998年的第二季度至第四季度。

在这个周期的初始，福中所处的IT行业尚在上升通道中，但行业利润已经呈现下滑趋势，IT产业空间不断被挤压。我经过深思熟虑之后，决定带领福中涉足商业地产、工业园区等新兴行业，并在短期内相继进入医疗器械、酒店连锁等领域，开始"多条腿走路"，福中开始了第一次转型和二次创业。

继在南京核心商圈新街口核心地段的福中数码港之后，福中又先后在南京的玄武区、浦口、江宁开发了三大高科技产业园区。随后，福中将南京新技术应用研究所收入囊中，凭借其国内领先的微波消融技术进军医疗健康产业。

此时，互联网的飞速发展，电子商务成为颠覆中国产业结构的新兴行业，以阿里巴巴为首的互联网企业构建的一个个电子商务平台，刷新了人们对产业的认知。2014年，福中并购了南京速仕六电子商务有限公司，开始涉足电子商务行业，向电商行业进行第二次转型，而这个速仕六电子商务有限公司正是福中数字农业产业的发端。

2014年以后，中国经济正式进入"新实业、新消费、新金融和新型城镇化"的"四新"时期，经济新常态，意味着福中的发展必须走"实业+资本"的产融集合之路。

福中必须抓住时代发展的趋势，坚定地走"实业+资本""产业+金融"的融合发展之路，在"集团布局全球化、产业行业多元化、投资方式多样化"的发展战略下，打造一个服务型的多元化、全球化企业。

"新实业、新消费、新金融、新型城镇化"的"四新"于福中而言，是整个集团产业格局的再次转型升级。福中的数字农业、大健康、大金融、大地产、智慧城市、人工智能、文化创新、三产服务8大产业板块顺应着中国经济"四新"期的发展，也是对中国宏观经济、社会宏观发展的预判和卡位。

以福中集团近年来持续专注的产业领域"数字农业"为例，作为福中集团近年来转型升级的支柱性产业，福中数字农业产业板块以小6水产网、中国蟹库网、小6美鲜为核心平台，致力于"互联网+农业"的发展，积极实践乡村振兴发展和农业供给侧结构性改革，通过"互联网+"的思维，将大数据、云计算、物联网、人工智能与农业相结合，在与中国各地农业发展相融合的同时，激发农业的发展活力。

福中在产业顺应时代优化调整的同时，近年来也在全球化的道路上不断开拓，成为"走出去"中的一员。2016年开始，福中开启了全球布局，在北京、上海、深圳、广州、成都、武汉、杭州、重庆、福州、济南、南昌、天津建立了12个区域集团，并以区域总部为中心在200家地级市建立分公司和办事处，将集团8大产业迅速布局全国。此外，福中还在美国纽约、荷兰鹿特丹、以色列特拉维夫，还有中国香港地区建立了北美、欧洲、中东、亚洲4个洲际总部，集团全球员工总数超过3万人，其中海外员工近千人。

改革开放40年是一个里程碑式的时间节点，但对于中国而言，40年只是历史长河里的一瞬，改革还在继续，开放也在继续。我们现在的国家战略仍然是以经济建设为中心，中国提出来市场是配置资源的决定力量，深化改革、依法治国，正在演绎一个更深层次、更大范围、更综合、更深刻的一次改革。福中和千万个中国的民营企业一样，还在不断创新迭变，努力为这个充满活力、永葆青春的国家奉献自己的力量。

改革开放中壮大　高质量发展中变强

富临实业集团有限公司总经理　李亿中

2018年是我国改革开放40周年。40年改革开放，改变了中国，影响并惠及了世界。在这波澜壮阔的40年间，各类经济力量共同推动，带来了中国经济今天的繁荣，特别是民营经济从小到大、从弱到强，到今天占据半壁江山。民营企业家抓住中国改革开放的每个机会，推动了企业的发展，也通过不断的创新和改革为这40年来的发展做出了不可磨灭的贡献！

一、与时代同频共振，改革开放引领企业发展方向

回望来路，不改初心。富临集团从创立初始就以"发展实业、造福社会"为宗旨，将民族复兴和富临人的事业梦想通过奋斗紧紧地连在了一起。在发展的每一个阶段，富临集团始终保持着不断探索、调整和创新，企业发布的每一个五年战略规划、多项深化改革决定及每年度集团经营管理方针，都体现了富临集团在探索中建成了一种与时代的脉动同频共振、统筹推进的战略规划机制。

2006年，富临"一五规划"提出的"以房地产、运业、工业为支

柱产业，医疗业、商业稳健发展的多元化产业新格局"的目标。2011年，富临紧跟国家注重经济增长质量、产业结构调整、淘汰落后产能的政策环境，在"二五规划"中指出，要主业突出、多元驱动、协同发展，积极进入战略新兴产业，应立即进行产业结构调整。2011年至2015年，富临集团将产业发展重点放到国家工业结构优化升级的重点产业（能源、高新技术）以及战略新兴产业（新能源、新能源汽车、高端装备制造业和新材料）上。到2015年，富临集团从原来以房地产业为主的发展格局，调整为以工业、现代服务业为主，房地产业协同发展，同时积极涉足金融业、能源业的发展新格局。并在2016年实现了富临精工的产业结构突破，成功并购湖南升华科技，正式开启富临精工进军新能源汽车的产业之路。

二、抓时代发展机遇，改革开放促推职业经理人实现梦想

改革开放后，很大一批人放弃"铁饭碗"，带着野心、活力、梦想，前赴后继地开始创业。中国的第一代职业经理人也正是在那时成长起来的。那时的他们有一种后辈难以理解但与生俱来的使命感，时代背景改变了他们的命运，让他们的梦想开花结果。

我从1994年加盟富临，二十四年来，从报关员、外事工作人员、销售员，做到了办公室主任、副总经理、党委书记、副董事长、总经理；从一名来自山区的中学教师，成为一名合格的职业经理人。命运的转折缘于邓小平同志的"南方谈话"。那是1992年的春天，我从

《中国青年报》上看到了记载邓小平同志"南方谈话"的文章《东方风来满眼春》，读后热血澎湃，难以平静。从文章里，我敏锐地感到，中国的改革开放正向纵深发展，也正在提速，在这个时候，只要抓紧机会，就可以干一番事业。关闭川江羽绒厂、发展汽车制造业、组建富临运业并上市、推动新能源汽车……一系列转型升级，在当时内陆经济的背景下，很多决定和目标被看成"痴人说梦"。在梦想和现实之间，"与时俱进"这四个字，让富临集团的创业团队始终占据着一定高度，始终具有超前的眼光和过硬的执行力。

"与时俱进"要落实到行动上，对于民营企业来说，至少涉及两个方面的问题：一是企业发展方向与国家改革战略同向；二是企业战略规划与国家改革目标同调。富临集团是四川省重点培育的大企业大集团，也是在中国科技城绵阳崛起的民营企业排头兵。"发展实业，造福社会"不是一句空谈，而是一种具体而实在的价值观，是一种文化，也是企业的立足之本。

三、永不停歇，面向未来，继续远征

目前，党中央就继续推进改革开放事业已经做出了一系列决策部署。站在历史的新征程上，继续解放思想、推进改革开放是对历史的最好纪念，也是企业实现跨越式发展和职业经理人再展抱负的新阶段。

顺应形势，面向未来。富临集团主动谋划，有序引导，根据集团"一主两翼"战略规划，正确处理企业发展速度、质量和效益之间的关系，在产业发展上，将优化结构、强化创新、推动转型升级作为重点。2017年以来，在保持工业企业在传统行业发展的态势下，加强对新项目的推进，如联手广西汽车集团，扩大汽车产业布局；同时强化质量管理，在产品品质工作上做到精益求精，如富临精工的汽车发动机零部件，变速箱精密零部件的研发、生产、销售，以及在新能源电池正极材料及上游锂矿职业的努力；在现代服务企业进一步追求新产业的突破，注重商业模式及管理创新，如富临运业发展天府行旅游、富临物业推行"智慧家园"、富临能投进驻石棉县等；房地产企业注重开发模式、管理方式、营销手段等方面的创新，新开盘"绵州水郡""龙湾半岛"等获得市场好评。

2018年，正是改革开放40年。随着中国特色社会主义进入新时代，光荣与梦想仍在继续，我们未曾辜负改革开放以来的40年，也不会辜负这个前所未有的新时代。富临集团将紧跟时代潮流，不断调整和优化战略规划，凝心聚力、奋力拼搏，向着更高的目标勇敢奋进！

感恩这个时代

汉威科技集团董事长　任红军

2018年，改革开放进入第40个年头，回想起来，感慨万千。

1998年，我初创汉威时，摸着石头过河，在实践中不断研究新情况、解决新问题、总结新经验，带领汉威一步一个台阶，沿着产业链走上了一条完全依靠自主创新和创业发展的道路。二十年来，汉威从无到有，从名不见经传到现在成为国内领先的气体传感器及仪表制造商、物联网解决方案提供商，我非常有幸和全体汉威人一起，见证了改革开放对创业公司的强力推动，深刻理解了"幸福就是奋斗出来的"现实含义。

一、汉威的成立，是改革开放伟大时代的见证

伟大的时代，创造伟大的机遇。

20世纪90年代后期，随着政策的放宽，自主创业和创新发展成为潮流。1998年9月，我工作了十年的原国企单位因经营不善被重组，失去了技术岗位的我被迫白手起家，东拼西凑5万元创办了河南汉威电子有限公司（汉威科技集团前身）。

那是个MP3、MP4等电子产品流行的时代，但是我们没有赶这个潮流，而是选择了传感器。一来与自己的专业和兴趣相关，二来与一般消费电子产品不同，传感器是更需要沉淀的长线事业，随着时代的发展，它的价值会越来越大。

当时，气体传感器的一些先进技术还掌握在英、德、日、美等发达国家的手中，卖给中国时价格昂贵。为了打破这种国际的垄断，在国家政策的支持和扶持下，我们开始了持续创新的步伐。我们从核心的敏感材料做起，由单个产品逐步拓展为全球主流品种全覆盖，材料、设计、工艺技术完全自主，全面打破了国际垄断，在工业安全、环保治理领域得到广泛应用，为国家节约了大量外汇，为国民经济发展做出了贡献。

随着改革开放的不断深入，时代带来的机会也越来越多，汉威创新发展的脚步也越来越快。2009年，汉威在深交所创业板正式挂牌上市，成为全国首批、河南省首家创业板上市公司。

目前，汉威围绕物联网、云计算、智慧产业、人工智能等构建了完整的物联网生态圈，多年来保持30%以上的高速增长，成为中国传感器、探测技术、物联网领域最具影响力和潜力的股份制企业；旗下近30家子公司，总资产近40亿元。是改革开放改变了我们的命运，是时代给了我们机遇。

二、汉威的未来：创新发展将打开新的空间

我始终认为，只有始终与国家战略和政策合辙同步，企业才有未来。

当前，随着国家供给侧结构性改革的深入推进，以及对双创支持力度的不断加大，智慧产业蓬勃发展。物联网作为智慧产业的重要代表，被列为国家重点发展的五大战略性新兴产业之一。展望未来，以"万物感知、万物互联、万物智能"为特征的智能社会即将来临。

党的十九大报告指出，"推动互联网、大数据、人工智能和实体经济深度融合""加快建设创新型国家"，这为汉威"突出创新引领，加快智慧产业落地"的发展战略提出了新的目标和路径，为我们已布局的传感器、物联网、云计算、人工智能等产业赋予了新的动能，打开了更广阔的想象空间。

在不断从国家的好政策中汲取养分、加快强化发展步伐的同时，汉威也积极发挥行业引领作用，以"做大做强河南省新一代信息技术产业"为目标，积极推动"互联网+""物联网+"对传统产业的提标改造，还通过有关联盟、传感器+众创空间等载体，带动产业链上下游相关企业发展，通过新一代信息技术为其他行业赋能，积极促进各行业转型升级、提升效率，支撑河南省经济转型升级。

2018年，是汉威科技集团成立20周年。如今，巨大的机遇就在眼前，时代的舞台已经搭好。百尺竿头更进一步，中流击水恰逢当时。汉威科技集团将继续坚持自主创新、创业发展，更加深入地把自身发

展战略融入国家及河南省经济发展大局，积极参与"郑洛新"国家自主创新示范区建设及郑州市国家中心城市建设。努力在传感器、物联网领域做出更大成绩，为实现"两个一百年"宏伟目标以及中华民族伟大复兴的中国梦做出新的更大的贡献。

一起走过四十年

上海和尊商务经济信息咨询有限公司董事长　杨宗浩

改革开放40年来，我国经济以每年平均超过10%的速度增长，经济总量上升200倍以上，现已高居世界GDP总量的第二位，创造了人类历史上经济发展的奇迹。

作为一个"70后"，我的人生历程几乎和改革开放同路并行，是改革开放的见证者和实践者，和尊营销咨询有限公司抓住了历史机遇，从两个人合伙的小"舢板"发展成拥有近5000名员工、落地50个城市的巨型"战舰"。和尊公司从事市场营销策划、市场活动执行、道具物流配送、终端理货等营销活动，是国内最大的线下整合营销公司之一。

回顾和尊公司创业和转型发展之路，对于纪念改革开放40周年，对于民营企业今后的健康发展，具有颇多现实意义。

一、主动创业，身逢其时

市场营销行业于20个世纪二十年代在美国兴起，50年之后，它随着改革开放进入中国。随着市场经济的蓬勃发展，整个中国营销行业从跃跃欲试到模仿创新，经历了三十个年头。犹如一个生命的萌发，从诞生到茁壮成长，从壮年跨入中年。

我的祖辈是工商业者，或许正是源于家庭的影响，虽然经历风雨，但对于创业的热情似乎植根在我的血液里。在大学毕业生还很吃香的年代，外贸日语系毕业的我放弃了安稳高薪的工作，于1999年年底，揣着积攒的25000元钱，走上了创业的道路。

彼时，中国市场营销行业刚刚起步，从西方传入的营销理念很容易被客户接受，我将当时的市场营销称为创造性的实验，没有人真正占领高地，因此也无畏失败。尽管无经验可循，不是科班出身，但单边向上的市场机会、蓬勃旺盛的人才供给及可观的利润率，为起步中的企业提供了"致胜法宝"。我觉得自己生逢其时，于是以极大的热情投入到广阔的市场中，奔波于天南地北，每一场活动都亲自上阵。在短短两年间，和尊公司已获得了不俗的成绩，公司也从4个人发展到二三十人的规模，并在终端营销路演等方面获得了客户的认可，成为业内的一块"招牌"。

创业初期发展顺利，所谓"手里有粮，心中不慌"，当时我觉得，只要肯干实干，成功就在不远处。

二、二次创业，触底反弹

所有的创业故事，一帆风顺都缺点儿"劲"。2002年春节前夕，合伙人突然提出撤股，这让一头扎在业务执行方面的我措手不及。或许，理念和价值观的冲突早已埋下伏笔，但是勇往直前的状态让我忽略了未雨绸缪。让我印象深刻的是，春节后的第一个上班日，公司只剩下个位数的员工，人心涣散，业务萎缩，整整半年时间，业务处于开天窗的状态。

冷静下来后，我分析了市场和公司的现状，公司体量不算大，仍处于起步阶段，客户的合作模式几乎都是个案制的，缺乏连贯性，因此只要积极开拓直客资源，坚持原有的服务水准，一定能出现转机。我决定一个人撑起对内对外的所有事务，一方面老客户不能放，另一方面需要积极开拓新市场。我将这一次重新出发比喻为"偿还"，我要求自己比以往更全面、更务实，从关注眼前到放眼长远。经过近两年的拼搏，公司终于在行业内又一次站稳了脚跟儿，运营基本上可称之为中规中矩。

2008年1月1日，新的劳动合同法正式实施，诸多世界500强品牌公司加大了营销外包的步伐。营销服务行业迎来了真正的春天，市场的繁荣和理念的升级，促使"个案服务"向"营销外包"的转化，打零工变成了长期合同。凭借精准、高效的服务，培育了多年的客户关系终于发挥了作用，和尊公司正式进入高速发展期。

和尊的业务内容从比较单一的营销路演和终端铺设发展成一站式营销服务，从市场推广向整体营销服务转变。为此，我着手完善服务团队，通过开办直属办事机构，坚持自建、自营、自主培训，全面把控服务质量，获得了客户的一致好评，公司业绩也因此节节攀升。也是从那个时候开始，我体会到创业不单纯是孤注一掷的硬闯，更需要坚

持不懈的精神，而审时度势的清醒和孜孜不倦的学习同样缺一不可。

三、创业在途，弯道超车

2012年开始，随着经济进入新常态，尤其是电子商务的崛起，向实体经济、线下零售提出了巨大的挑战，而且这个挑战以迅雷不及掩耳之势袭来，很多同行要么一败涂地，要么转向其他领域。我没有考虑转行。企业做大了，任何变革都不是一个人的事，而关乎公司上下几千人的切身利益。我觉得做好本行，自我突破比盲目转型更有价值。

那时我经常"焦虑"如何创新，行业的高速发展势头被互联网经济半路"截胡"，人们的消费行为和消费理念发生了深刻而巨大的变化，如何借助互联网的东风，寻找突破口，开拓创新迫在眉睫。我认为，互联网不是终点，任何新技术的产生都可以为我所用。最后，我将目光投向了大数据的运用，通过线下终端的数据积累，掌握一手资讯，通过对消费行为的分析结合商超、便利店、药店等终端联结而成的生活圈，为客户提供更精准的市场策略规划，这比单纯的大数据导出更有价值。事实证明，客户更愿意为此买单。挑战永远与机遇并存，直线加速放缓的时候，弯道超车更能出奇制胜。比市场快一步，需要敏锐的洞察力，不断学习是唯一途径。

未来，和尊将逐步整合资源和渠道，与品牌公司系统对接，建立业务管理的B2B生态系统。通过对商场销售数据的了解和对多品牌、多品类销售表现的洞察，通过数据挖掘和数据分析，为品牌公司提供有针对性的营销推广服务，建立比较竞争优势。

时至今日，和尊的转型发展非常顺利，公司近几年业绩增长迅猛。在新零售大潮下，和尊又迎来了新的发展机遇，可以说，我们正在路上。

四、热心参加社会工作

在企业运营取得一系列成功的同时，我于2011年加入了静安区工商联，积极投身于工商联的各项活动。在组织的悉心培养和关心下，经过7年的时间，我已经成长为上海市工商联执委、静安区工商联（总商会）副会长，并于2018年成为上海市政协委员。

工商联是企业家的"娘家"，更是政府和企业家之间的桥梁、纽带。作为企业家的一员，我也深感企业家群体的困难和孤独，因此，工商联能更好地发挥自己的连接和沟通的作用。2013年，由我担任会长的静安青年商会成立，我带领企业家们走进了工厂和农村，来到了遵义和嘉兴南湖，考察了华为等高科技前沿企业，还组织了足球队、合唱团、公益组织等各类社团，开展了很多有意义的活动。青年商会很好地凝聚了静安青年企业家，使大家有了很强的归属感，在此基础上，也催生了不少新商机。

2018年我又成为工商联界别的市政协委员，在此平台上，我一定会为工商联的企业家们多发声，将大家在经营上碰到的问题、困难，以及行业发展中的真知灼见反映出来。

五、弘扬企业家精神

改革开放40年来，涌现了大批民营企业，经过残酷的市场竞争，能生存下来的，都是顺应了中国特色社会主义市场经济规律，自身发展形成了具有自身特色的经营理念的企业。要实现高质量快速发展，一定要弘扬和保护企业家精神，发挥企业家的聪明才智。

作为一名企业管理者，我一定要发扬优良传统，弘扬企业家精神，努力把企业管理好、发展好。从自身学习及企业实践中，我认为，中国民营企业必须要坚定不移地围绕在以习近平同志为核心的党中央周围，与时俱进地做大做强企业，只有这样才能不辜负这个伟大的时代，才能为实现中华民族的伟大复兴做出自己的贡献！

改革开放是实现中国梦的必由之路

上海弘基企业（集团）股份有限公司董事长　李永杰

2018年新年前夕，习近平总书记发表了2018年新年贺词并指出，"2018年，我们将迎来改革开放四十周年。改革开放是当代中国发展进步的必由之路，是实现中国梦的必由之路"。

一、风雨兼程四十年，硕果累累创辉煌

回首过去，改革开放40年虽风雨兼程，但硕果累累。改革开放四十年来，中国人民的生活实现了从温饱到整体小康的跨越式转变；中国社会实现了开放、富强、文明和充满活力的历史巨变；经济实现了持续快速增长，综合国力进一步提高；民生得到显著改善，人民生活总体上达到小康水平，科技教育快速发展，社会事业全面进步；人民群众主人翁意识显著增强，受教育水平和文明程度明显提高，社会整体文明程度大幅提升；中国科技也飞速发展，制造业正由"中国制造"变为"中国创造"。改革从东部到西部、从经济领域到其他各个领域全面展开，并逐步深化……中国社会发生了全方位的历史性转变。

我是土生土长的上海人，这40年间，我真切感受到了改革开放给

上海商业带来的可喜变化。

第一，人均住房面积上发生了变化。在20世纪70年代末，上海人均居住面积只有4.5平方米。主要原因有两个：一个是当时上海的人口骤增，解放初只有400万，到70年代后期达到了600万，增加了50%；另外一个原因是当时的住房是福利分房体制，政府投资建好房子给职工居住，就是计划经济下的分配体制。当时，住房紧张是一个很大的社会问题。经过多年的发展，上海作为全国最大的房地产市场，已高速发展了二十余载，截至2016年年底，上海的人均住房建筑面积已达到36.1平方米。

第二，改革开放前的上海，商业街主要集中在南京路、淮海路、四川路、豫园，经过40多年的发展，现在已经形成了市级商业中心、地区级商业中心、社区商业中心+特色商业街的布局体系。其中市级商业中心已经扩展到包含南京东路、南京西路、淮海中路、四川中路、徐家汇等15个区域；地区级商业中心有控江路、打浦桥、曹家渡路等56个区域；2017年年初，全市商场店铺面积为7472万平方米，比1978年末增长了31倍。按常住人口计算，2017年全市人均商业营业建筑面积为3.1万平方米，比1978年增长了13倍之多。

第三，商业设施发生了巨大的变化。在改革开放之前，上海商场的主要职能是保障基本供应。当时消费品市场总体处于供不应求的状态，商业基础建设的投入不多，新增的商业设施也很少。其中商业网点不足的问题最突出，比如，居民购物难、沐浴难、理发难等问题时有发生。改革开放之后，随着土地批租、中外合资商业企业的发展、股份制商业企业的建立，上海的商业设施有了脱胎换骨的变化。近十年来，房地产行业将重点从住宅转移到了商业地产开发。1991年以后发展起来的超市、便利店、大卖场，开创了新型业态和连锁发展的先河。近一年多来，上海又大胆尝试了新零售、智慧零售、商业、文化、展览展示相结合，超市与餐饮跨界，线上线下融合，无人便利店等如点点星火，开始兴起。

可以说，自党的十一届三中全会以来，上海商业从发展社会主义市场经济和建设国际化、现代化商业及国际贸易中心、国际消费城市的要求出发，积极、有步骤地推进改革开放。在改革开放的助推下，上海商业发生了翻天覆地的变化，人民群众的生活也日新月异，并逐步走向更加美好的明天。

二、勇于开始、敢于选择，才能找到成功的路

我在1992年就决定下海经商，当时我坚信：勇于开始、敢于选择，才能找到成功的路；在许多人一穷二白的时候，就是找到成功起点最好的契机。很幸运我找准了，原因很简单，动机很单纯：那时候很穷，就是觉得当时国企的体制让工资收入有点死板。

我辞去了国企的工作，刚下海创业时，决定做建筑设计。建筑设计行业在当时管理得还比较死，我大学学的是工业与民用建筑设计，因为没有私营设计院，所以我就带着自己的专业技能找挂靠。1996

年，我通过应聘上岗的方式进入了当时的三益设计院。

当时，第一个"偶然"的机遇来了。三益设计院在当时是一家濒临倒闭的、街道管辖的集体所有制设计院，全上海只此一家。我进去以后，恰逢国家政策允许多种经济成分并存，允许个人参股设计院。同时，国家也在搞试点，一个省可以有一到两家民营建筑设计院，加上当时的三益设计院是乙级资质，国家规定集体制的设计院不能升级，而私营设计院则有机会升到甲级。于是我和我的合作伙伴就和当时的集体经济所有者商量，能否把这家濒临倒闭的设计院转制成民营设计院。

这个想法和当时街道领导的意见不谋而合，于是，当时濒临倒闭的三益设计院被我接手改制成为一家民营设计院。

第一步，从做设计开始，我把这个作为"以科技服务做原始积累"。经过不懈的努力和不断地发展，三益建筑设计院已从接手之初年产值200万元增长到现在的8000万元，并成为国家建设部首批颁发甲级资质的民营设计单位之一。可以说，我当初的设想终于成真。

第二步，我与大多数开发商喜欢做住宅不一样，我从一开始就做商业地产。契机是因为当时有大量的土地抛荒，而且都是在上海市中心，当时赶上国家出台政策，要求做绿化，并可以延长批租期。因为这种设计是一种临时开发，所以就需要有胆量去尝试做，一般很少有人愿意尝这个鲜。但当时我觉得是个好机会，因为GDP发展到一定程度后，人们的生活就会明显改善，这样在工作之余就会想到休闲。弘基广场的地块虽是临时用地，但地处徐家汇核心，做休闲商业地产正切合工作忙碌的白领们的休闲需求。于是，我们就开始尝试找投资，做了弘基休闲广场。2000年1月，位于徐家汇的弘基休闲广场正式开业。这是一座集餐饮、娱乐、休闲为一体的综合性广场，当时算得上是年轻一族时尚休闲场所的代名词，激发了沪上商铺投资的新一轮热潮。2002年，我们又开发了四川北路"弘基假日广场"，成为四川北路的景点式时尚商业休闲中心。现在随着"弘基广场"系列的成功，休闲商业地产的概念也已普遍地被人们接受。

第三步，在2003年左右，上海的创意产业园区开始快速发展，大多数文化创意产业园区是由老旧厂房或者都市产业园改建而来，许多拥有园区产权的国有企业都选择把园区租赁给民营或外资企业运营的形式来经营园区。所以，从2004年起，我开始关注创意产业的发展，并打造了"创邑"这个品牌。原因也很简单，因为我们没占有太多的资源，但我们有专业的知识，容易对新事物形成一定的思考，或者做出一般非专业的人员做不出的判断，而"创邑"只是打造商业不动产形成的一个品牌。弘基的定位就是做商业不动产运营管理的管家，就好比你是资本家，把大楼造好了，又缺乏相关专业的团队管理，那么我就做你的管家。按照你的理念，用我的特长来帮你管。比如，这幢楼花2亿元买来，经过我们的包装、运营，包括专业知识的叠加，价值就会超出2亿元。同样一块蛋糕，由商业不动产管家来帮你做，会做得更大更好。

　　我们第一个尝试开发的园区位于长宁区段苏州河畔的创邑河，最早为20世纪30年代日本丰田纱厂棉花仓库，新中国成立后划归国棉五厂作为仓库，总面积为4500平方米，地处繁华的中山公园区域。当时国棉五厂有意将这个旧厂房改造为吸纳设计公司的"多媒体创意园"，即针对多媒体创意设计、影视制作、广告设计和建筑环境设计等相关企业营造一个产业集聚、错位经营、交流互动且环境优美的办公场所，后来，经我们开发后形成了良好的设计产业集聚。从另一个角度来说，我们是沾了国企的光，一些国有企业的旧厂房、闲置土地，从社会和国有企业的资源配置角度来说，是一种资源浪费，而现在能够将它们变废为宝，从社会发展角度来说，则是进步。

　　所以，40年的发展让我由衷感慨国家发展之快，人民生活之美好，也深感改革开放之必然。改革开放是当代中国从世界大国向世界强国发展进步的必由之路，是实现中国梦的必由之路。

　　在习近平新时代中国特色社会主义思想的指引下，未来的我们应当充满信心，将改革进行到底；也应以奋斗的姿态，参与改革、推动改革，"撸起袖子加油干"！只有这样，国家的发展才能持续向好，老百姓的幸福才能长长久久。

栉风沐雨四十载　勇闯专业万重关

沪港国际咨询集团党委书记、董事长　郭康玺

改革开放40年，是社会主义市场经济高速发展的40年，是中国民营经济开始崛起并逐步走向世界舞台的40年，也是现代专业服务业在产业经济中稳步攀升的40年。回望这40年的发展，有跌宕起伏的矢志奋斗，有甘苦与共的相互扶持，也有品味成功的激动喜悦。能够与改革开放共同走过奋斗的40年，我很自豪；能够得到工商联这个大家庭长期的关心和支持，我很幸运。

一、忆初心，家国情怀满满

我1978年考入东北财经大学（时名辽宁财经学院），与改革开放同期起步，最早感受到了改革开放的春风。四年的大学生活对我影响至深，虽然当时物质条件依然匮乏，但是精神生活是很丰富的。一头扎进书海的我，即便每天只吃窝窝头和没有油水的大白菜，也能够甘之如饴。当时一门心思研学经典，我最喜欢的一本书是《资本论》，从头到尾认真研读了三遍，从中受到的启发不仅仅体现在大学时期发表的文章里面，就连以后在沪港集团的创业发展中，也能运用自如。

　　大学毕业回到上海，先后在建工学校任教和市审计局任职。1995年，市审计局成立审计事务所，当时几乎没有人愿意放弃公务员身份接手事务所，我顶住众人的不解和家人的反对，毅然接了下来。当时想的是：社会审计作为新的专业咨询模式是顺应时代和改革发展需求的，中国也应该发展一批具备国际影响力的民族品牌专业服务机构。事务所成立之初，没有先例可学，没人、没办公室、没项目，也没有资源，员工只有十几个人，一切都前途未卜。那时候条件比较艰苦，公司只有10万元启动资金，其中光买复印和装订报告的机器就花掉了8万多，几个同事经常加班到很晚，然后一起去小饭店点上两瓶啤酒、两块炸猪排，大家一起分着吃。那样艰苦的日子大家却过得很开心，因为我们对理想和事业充满热情。随着脱钩改制的完成，我成立了沪港国际咨询集团，公司规模日益壮大，从最初的十几人到现在的六百二十多人，产值从200万元做到6亿元，纳税也是从十几万元增长到8700万元。

二、扬斗志，谱专业升级华章

　　沪港发展史上经历过几次大的变革与飞跃，每一次都与国家对现代专业服务业的定位要求以及市场经济秩序调整紧紧相扣。

　　第一次是成立沪港国际咨询集团。沪港审计咨询中心成立十年以后，2008年沪港国际咨询集团成立，成为集会计审计、工程造价、工程咨询、招标代理、资产评估、房地产评估、证券评估等为一体的多元化集团型专业咨询机构。在当时普遍以单种咨询服务为主体的事务所群体中，成立咨询集团是比较领先的做法。集团工程、财务、评估联动发展，为客户提供一站式咨询，在客户决策过程中起到"外脑"和"智囊团"的作用，使客户利益达到最大化，也使得专业人才的技术优势得以发挥。如基建财务与工程造价审价相结合、绩效评价与经济责任审计相结合、改制审计与资产评估相结合等十大联动，充分体现了专业机构的集成优势。沪港每年审计资产超过6.3万亿元，为国家企事业单位节约资金120亿元，查处问题8400个，提出有效管理建议7000条。

第二次是专业细分改革。作为专业公司，沪港国际致力于为客户提供更优质的知识性产品服务，这就要求在体制和专业上能够不断创新、与时俱进。沪港国际是国内较早提出并践行 "知识服务产品化" "专业细分、量价分离"的企业，打破了传统服务行业的局限，实现了和国际接轨的专业服务模式的创新，这是一次咨询行业生产方式的革命。2018年是沪港实行大学生体制改革的第十个年头，我们在业务上进行量价分离、业务细分、计量程序化、流水作业。让每一个大学毕业生在最短时间内，迅速掌握所属板块的业务内容，并且保证质量精、效率高，入职半年的大学毕业生算量速度可以超过资深专业工程师。这种体制的优势是各个层次专司其职，同时可以让项目经理管控更多项目，规模建制发展的效率优势凸显，一个部门经理可以管20人、1000万元产值；一个副总工程师可以管50人、3000万元产值，这相当于一个中等咨询公司的规模。我们在体制上为咨询业发展规模化、集约化发展进行了先行先试，并且用实践突破了咨询公司普遍存在的发展瓶颈，实现了产值连续七年突破亿元，并且持续保持每年20%的增长。

第三次是平台经济的建设。2016年下半年，国务院发文鼓励专业公司联合做大做强，形成规模优势。中国建设工程咨询行业协会明确"十三五规划"将重点培养和发展"规模型"的专业公司，为沪港的发展指明了方向，同时中国建设工程咨询行业协会大力支持沪港承办"企业开发日"。2017年，沪港承办四次开放日活动，共有来自全国各地八十余家同行业单位来我司进行考察学习。沪港秉持"开放·合作·共享·共赢"的理念搭建协同发展大平台，以创新发展提升发展能级；以协调发展提高发展质量；以绿色发展引领发展生态；以开放发展拓展发展空间；以共享发展分享发展红利。其中不少单位纷纷表示要融入沪港，学习沪港先进理念，成为沪港"十三五腾飞"的重要组成部分。"沪港模式""沪港文化基因"已经成为中国专业咨询行业领跑者。

三、育人才，促沪港基业长青

青年人才是沪港的重要储备资源，也是沪港的青春名牌。青年强则沪港强，沪港强则沪港青年更强。作为党委书记和董事长，我现在就抓两件事，第一队伍建设，第二企业战略。我常常对青年同志们说："在沪港，只要你自己想发展，平台和机会我来给，我就是你们最值得信赖的'后勤部长'"。

2013年，我在集团内部启动了"青年后备干部培养计划"，并拿出自己所有的奖金和稿费设立董事长基金用于年轻员工的培养。对干部的选拔从不论资排辈，而是用价值观和事业心衡量，符合企业"又红又专"文化理念的人会重点培养、迅速提拔。

通过个人自荐、部门推荐、综合考评等方式遴选出70位青年后备干部培养对象，按照年龄划分党支部，成立"80后""90后"党支部，缩小团支部规模，成立13个团支部，目的在于让更多的年轻人通过支部书记、支部委员的锻炼以发现人才、培养干部。计划启动以来，几乎所有的周末、节假日，我都是陪着各个团队年轻人度过，言传身教、亲力亲为，把年轻人当作自己的孩子般精心培养。为了加强年轻一代的思想政治教育，沪港在专业机构中率先成立了企业党校。顺应中央统战部提出的"新时代统战重点是新阶层"，集团成立上海市第一个民营企业新的社会阶层人士联谊会，丰富多元的发展平台为青年员工提供了大有作为的天地。

奋斗者用脚步丈量时间，沪港人用实干成就梦想。24年的时间刻度上，缀满了沪港人奋斗的闪光足迹。在过去与未来的交会点上，作为新时代的民营企业家和工商联的企业家代表，我一定会团结汇聚沪港人的全部力量，不忘初心，牢记使命，用"专业兴邦""专业强国"的理念，把握新时代，争取新作为，为实现中华民族伟大复兴贡献智慧！

一个文学青年带着"中国灌溉"
走向"一带一路"

上海华维节水灌溉股份有限公司董事长　吕名礼

40年，对于历史长河而言，只是流光瞬息。

40年，对于中国而言，却是极不平凡的光辉岁月。

40年，对于我而言，更是人生最朝气的人生阶段。

一、不期而遇，毕生求索创业路

1998年，我从中国农业大学农田水利工程专业（节水灌溉专业方向）毕业后，入职了一家极负盛名的规模化的灌溉企业。我暗下决心，一定要在这么好的能学以致用的平台好好干！

然而用好专业、服务农业、新兴三农的理想很快就随着老板的跑路而破灭了！

但，天无绝人之路。

一直以来语文好过数学、曾是中国农业大学挚友文学社第十五届社长出身的我，到一家行业杂志当了总编，工资从800元一下子涨到了1800元。也正是在做总编期间，我用上了电脑，接触到了互联网和阿里巴巴。

2000年春节，是我人生的重要转折点。

假期里，我冥思苦想，我真的要把爬格码字作为一辈子的事业吗？湘南老家季节性干旱导致常年"靠天吃饭吃不上饭"的困顿、以色列凭借独步天下的高效灌溉技术而富甲天下的神奇……一幕幕在脑海里翻腾。

我真正的梦想到底是什么？

思想斗争的结果是，以为肯定搞一辈子文字工作、从来不曾想过做企业的我，不期然地走上了创业之路。

2001年3月26日，上海华维节水灌溉有限公司在浦东新区一个叫"金光小区"的两居室里应运而生了。

在反复斟酌公司字号、亲手涂鸦出华维LOGO的过程中，我真真切切地意识到，"华维节水"才是我潜在的初心梦想！"华地上万物、维至善初心，汇天下甘泉、丰家国仓廪"，那该是多么令人憧憬的未来。

原来的老板对员工、对行业、对社会造成的巨大伤害，热火朝天的公司一夜之间垮塌的亲历，让我一辈子刻骨铭心。从华维创立伊始，我就自然而然地把"诚信做人"作为华维的立业信条和核心价值观。

十七年来，正是基于"有诺必践"的坚守和"走楼梯不乘电梯"的务实，华维逐渐有了品牌知名度和美誉度。

早些年，我国灌溉产品基本上依赖进口，但产品和服务的价格奇高，严重制约了高效灌溉技术的普及。华维成立的次年，在一次应邀洽购某知名农业园区一批过剩的进口设备时，发现连砂石过滤系统中的"石英砂"介质都要依赖进口，我极为震撼。自此，我发誓今生一定要打造一个属于中国的世界灌溉品牌，让天下种植者用得好也用得起！

二、桃李不言，润物无声植沃土

创新是企业的生命，学习是创新的源泉。

十七年创业经历，不断面临新的市场竞争、新的技术挑战。我一直未敢懈怠，努力完成了上海交大设施农业专业硕士阶段的学习，力争吸取各方智慧，带领公司提前布局、及时升级公司战略。

坚守"桃李不言，下自成蹊"的我，也先后收获了中国灌排优秀青年企业家、上海市农业领域领军人才、全国农村创业创新优秀带头人、中国蔬菜产业杰出人物等殊荣，并同多名院士一起荣任国家灌溉农业绿色发展联盟首届专委会委员。

十七年根植一域，华维始终坚持以科创为导航、以实业为支撑、以市场为导向，逐步建立起被业界所称道的自主研发体系、高品质的产品体系，成为上海节水灌溉工程技术研究中心依托单位，成功参与了国家重点研发专项等多项课题。华维先后荣获了国家科技进步二等奖、上海市高新技术企业、上海市名牌和著名商标、上海市科技小巨人、上海市诚信企业等荣誉，三类产品经部级鉴定为"国际先进水平"。

一如花了四年时间深扎根只长出三厘米的竹子一样，花了十七年打基础的华维，已然成为了中国灌溉行业鲜见的"有根的"自主品牌企业，在科研创新和产品体系等方面独树一帜，比肩世界知名品牌。

中国工程院茆智院士语重心长地说，"以前，我对'创新的主体应该是企业'不大理解，来到华维以后，我理解了。以后咱们中国人不要动不动就组团去以色列看灌溉了，就来华维看！"。以严谨著称的康绍忠院士在多次实地考察后，欣然同意在华维成立院士专家工作站。行业泰斗们的肯定，给了华维人莫大的鼓舞。

国家农业农村部、商务部等组织的"一带一路"国家农业水利官员研修班学员，以及国内各省市政府人员及行业人士纷至沓来。大家对华维充分发挥上海科创中心和人才高地的优势而成就的金山区农业的第四驾马车——"装备农业"赞誉有加（华维所在的金山区一直以"品牌农业、生态农业、休闲农业"三驾马车享誉全国）。

三、不忘初心，敬业布道泽农人

二十多年来，我总是记得高中时自己写的那篇被语文老师印发给全年级的作文《桃李不言·下自成蹊》，总是记得进入中国农业大学挚友文学社的征文投稿《远航》的原点和初心，总是记得当年跟随父亲在皲裂的水稻田里用木楔戳一个洞儿栽一棵秧苗再浇半瓢水的无奈和期盼。

1997年在大学就入党的我，把党建工作有机地融入企业管理，把祖国博大的"上善若水"的文化"灌溉"到员工的心田，逐渐形成了被广泛点赞的"华维特色企业文化"。自己也先后被选派到上海市社会主义学院、上海市委党校和井冈山培训班学习。

二十多年来，矢志不渝的我，一直以"中国灌溉人"自勉，信守"灌溉人吃灌溉饭、做灌溉事、交灌溉友、敬灌溉业、布灌溉道"。灌溉，从早年赖以谋生的手段，已然变成了"让天下种植者轻松赚大钱（华维使命）"的终身事业。

基于独有的高品质产品体系、专家型团队和服务能力，华维创造性地推出了"中国灌溉创客英雄汇"。很多来自农资农机行业的经营者们，看到了中国智慧灌溉的巨大趋势，从四面八方汇聚华维课堂，学有所成后将华维独创的"华维灌溉4S店"在当地"开花结果"，更好地就近服务更多的当地种植户。

华维人自主设计和投资建设了"灌溉博物馆"，意在面向全社会各群体，传播中国几千年的农耕文明和灌溉发展史，以期让更多的领导、专家和普通老百姓，了解、理解和认可高效灌溉这一革命性的农业新技术，让这一技术更好地造福于民、造福于环境、造福于子孙后代，让农业成为有奔头的产业，让农民成为体面的职业，让农村成为安居乐业的美丽家园。

四、盛世开元，砥砺前行新华维

当下，国家大力推进的乡村振兴战略让亿万农民看到了更加幸福的曙光。要实现乡村振兴的重要前提是产业兴旺，种植业又是最重要的农业产业之一。无论是荷兰还是美国，抑或是以色列，无一例外地证明，要"兴旺"种植业，最重要的有效抓手就是智慧灌溉等先进的农业技术和装备。

华维倡导的智慧灌溉、智慧温室和"农抬头"智慧农业云平台技术，将中国农业种植中沿用几千年的"浇地"提升为"浇作物"，可实现用最少的生产资料在更少的土地上生产出更多更优质的农产品，甚至可以变"藻华"为绿水，变荒漠为青山，变戈壁为良田，这不正是我国乡村振兴战略的一个实效支撑点吗？

一点一滴十七载，"一带一路"新华维。

十七年砥砺奋进，华维已成长为集智慧灌溉、智慧温室、智慧水利和"农抬头"智慧农业云平台研发、生产和系统服务于一体的综合型国家高新技术企业，2016年成功登陆新三板。

智慧灌溉不仅为中国乡村振兴提供了具体抓手，华维还把智慧灌溉的管道铺向了"一带一路"，把现代农业设施的中国方案镌刻在了"一带一路"沿线国家的广袤大地上。

"一带一路"沿线大多是新兴经济体和发展中国家，这些国家一方面农业经济占比很大，另一方面农业技术又相对落后。智慧灌溉技术和智慧农业装备正是这些国家提振农业、改善民生最现实及最迫切的需求。

2017年7月，华维凭借卓越的解决方案、高品质的产品体系和优秀的系统性服务能力,从国内外众多优秀同行的激烈竞争中脱颖而出,成功中标世界最大单体的智慧温室灌溉项目,开创了中国智慧灌溉和温室装备走向"一带一路"的先河,获得了包括农业农村部、上海市农委等各级政府和全行业的广泛关注。

从加纳到坦桑尼亚,从巴西到多米尼亚,从伊朗到乌兹别克,从印度到马来西亚,华维产品和技术已惠及全球四十多个国家和地区。

目前,华维会聚了多名外籍博士的国际化团队,正协同泰国、越南等"澜湄流域国家"的农业部门开展智慧灌溉示范基地建设和人才培养等工作,我们会进一步做好国家"一带一路"建设的"农装使者"。

创业的十七年,如白驹过隙。我将用一生去点滴践行母校"解民生之多艰、育天下之英才"的校训,用一生去续写中国农装的新故事。

这是一个伟大的时代

——感受改革开放40周年物流行业的巨变

贵阳货车帮科技有限公司总裁　罗　鹏

改革开放40周年，货运物流行业取得了长足发展。改革开放初期，我国经济百废待兴，寻求加快经济发展路径成为当时一代人的努力目标。我国工业化起步较晚，而且长期处于商品短缺的状态，对现代工业的认识水平较低，局限在产品的生产和配给概念。此外，对生产环节的高效运转、对流通的价值获取、对利用物流降低成本等方面的认知还远远不及经济发达的国家。改革开放初期阶段，经过部分学者积极地推动，使我国物流逐步为人们所认识。而今看来，这一批人的确了不起，足以让我们心怀敬意！

货车帮的出现是货运物流行业发展的必然。讲到货车帮，首先想到的是找货方式的变化。在改革开放后，随着运输业的发达，开始有了信息部，有了物流的停车场。那段岁月是令人回味的。那时候大家都去停车场找货，围观货运部的小黑板，然后一群人和信息部的人讲价，总之那时候感觉停车场好热闹。有人说，科技会改变生活也会改变未来，过去许多人不相信，但货车帮和运满满等一众货运APP开始进入货运物流行业的视野，这打破了人们的认知。从货运市场的长远发展来讲，货运信息的入网是大势所趋。货车帮的存在可以进一步压缩物流成本，提高货物运输效率，减少空驶率。从满帮收购志宏物流开始组建自己的运输力量时，单家独户的传统物流运营方式就因此进入新的发展阶段，这意味着将有多家大型的物流出现来主导市场，其他的小公司会随着资源的整合被这些大企业合并或者退出市场，这是一个换代更是一个升级。升级结束、市场稳定后，我们的物流模式会变成与欧美相接近的模式，到那时物流企业的服务费用将会回升到正常水平。更为重要的是这次新一轮的市场迭代将重新定义中国货运物流的概念，一个属于这个时代的智能化、智慧化物流新时代即将登场。在互联网、物联网、云计算、大数据等现代信息技术广泛应用的时代背景下，货运物流作为重要的经济杠杆，将撬动区域经济融合发展进入一个全新的经济增长时代，这是新时代我们这代物流人的历史使命。

作为新时代的大数据物流企业，站在历史的节点上，货车帮也正在思考自己的作为和担当。贵州有着"大数据+物流"的先行优势和货车帮覆盖全国的运力资源，我们通过将运力导入贵州，实现贵州成为华东到华南双向、西北等经贵州出海双向的关键枢纽节点，使贵州成为物流枢纽核心的编组站，通过编组使司机分段式作业，从而降低物流的人力成本，并持续性降低公路物流的冗余成本和无谓浪费。进一步实现以物流产业为调动点，在物流领域不断尝试税务创新和制度创新，并以此为起点，输出资本能力、创新能力和招商能力，不断吸引、撬动周边省份乃至全国"大数据+物流"资源向贵州靠拢，使贵州抢占先发优势并倚靠优质资源、运营能力集中优势成为全国物流体系的重要中心。

在助力政府引导方面，通过建立政府集强有力政策导向支持、丰富国有资源和互联网企业运营服务能力的大数据投资、扶持体系，以投资方式借用全国人才资源为贵州省物流产业乃至经济发展服务，发挥相互优势，实现深度绑定。以经营获得资源和能力为基石，使贵州省成为以数据、科技驱动的现代物流强省，在推动省内物流降本增效的同时，推动我国物流网络的升级和优化，达到"1+1"远大于2的效果。最终使物流行业内用户、车流、商流和资金流流向贵州，与全国物流形成大循环，降低物流成本，推动贵州经济发展。

改革开放40年，奠定了坚实的物流发展基础，我国物流高质量发展阶段已经到来，现在我国物流整体进入国际先进行列，并正通过具有国际竞争力的供应链服务支撑产业迈向全球价值链中高端，而货车帮也将勇于承担这个伟大时代赋予物流发展的重要使命！

坚守老一辈创业初心
树立新一代企业家精神

科达集团副董事长、科达股份有限公司董事长 刘锋杰

改革开放已经40年，科达集团成立也已35载。在这里，我想讲一讲，作为基建领域老牌民营企业的科达集团创新求变、转型升级的故事。

2009年，我就任科达股份有限公司董事长。在此之前，科达集团已经连续多年入选中国民营企业500强、山东民营企业100强，业务范围涵盖基础设施、金融服务、房地产开发、进出口贸易、高新技术五大产业，公司主业基础设施产业在全国已达到同行业综合实力最强、规模最大。

我们把科达集团的精神文化归纳为"八四精神"。那是因为在创业之初，一无项目、二无资金、三无设备、四无渠道、五无人才，房无一间、地无一垄、钱无分文，要啥没啥。在这样的环境中，科达人自力更生、艰苦奋斗、历经磨难，克服了一个又一个难关，实现了一次又一次跨越，老一辈科达人初心不改、矢志不渝，助推着科达从无到有、从小到大、从弱到强。可以说，科达的过去，有辉煌、有成

就，发展得极不平凡。

我坚定地认为，路桥建设主业仍是企业的立身之本。主业不能丢，最初创业的理想信念更不能丢。在这个领域，我们先后荣获中国建筑工程质量最高奖"鲁班奖"、中国公路建设质量最高奖"李春奖"、"全国优秀施工企业"和"全国工程建设科技创新示范单位"等十多项国家级荣誉。在这个基础上，如何让主业更进一步、更上一层、迈上一个新台阶，是摆在我面前最重要的课题。

纵观国内，综合管廊、海绵城市、特色小镇等新兴市场喷涌而出，在这个关键节点，要把握时机、调整思路、开拓创新、壮大主业。因此，我们在路桥方面积极调整了战略定位，以"打造国内知名的城市建设综合运营商"为蓝图，梳理推进一批补链、延链项目，构筑起集投资开发、设计咨询、建设施工、管理运营、房地产开发和新经济产业园区招商运营于一体的完整产业链条，使科达集团具备了全面对接综合管廊、智慧城市、宜居城市等新兴市场的实力。基于这样的战略规划，近期成功推进三个项目，一是BOT模式与山东高速签订合作协议，共同投资建设长深高速"广饶—高青"段，项目总投资45亿元，建成后将成为连接东营到济南的主要通道；二是PPP模式与泰山区人民政府、棕榈股份共同投资开发建设泰山生态旅游特色小镇项目，项目建设面积4.15平方公里，总投资40亿元；三是与广饶县交通局成功签订广饶首个交通基础设施PPP项目，即广青路与石大路连接线工程，项目全长13公里，总投资7.2亿元。

2013年年底，正值科达集团成立三十周年之际，全球经济复苏缓慢、增长乏力，国内经济也面临较大的下行压力。此时此刻，"科达股份要怎么发展"成为新的发展难题。为增强上市公司的盈利能力，培育新的利润增长点，我们积极寻找战略发展的突破点，并形成统一意见：科达必须在新兴行业实现业务转型，这样才能为今后的可持续发展奠定基础。

究竟选择一个什么样的行业切入？这是一个艰难的抉择。在当时我认为，我国互联网产业飞速发展，网民数量迅速增长，互联网普及率快速提升；互联网的迅速崛起为中国的经济发展带来了强大的动力，深刻地影响着社会的各个领域；互联网营销作为一个伴随互联网产业发展而产生和逐渐成长的数字媒体服务行业，将迎来爆发式的增长。基于这样的考虑，我们开始思考自己在互联网时代要如何布局，并且如何快速占据有利的位置。

2014年年底，科达股份抢抓机遇，停牌筹划重大重组事项。通过两轮并购重组，我们投资48.2亿元收购8家互联网营销领域的佼佼者，新融纳2000余名员工，强势切入互联网营销产业。这一举措令科达股份无论从营收还是利润，都跻身数字营销行业前三甲，也令该并购案成为当年的经典收购案例。自并购重组完成以来，2016年，科达股份实现营业收入70亿元，比上年同期增长190%，实现净利润4.16亿元，同期增长255%；八大营销子品牌斩获包括长城奖、金鼠标、金投赏在内的90余项大奖，包揽行业内所有重量级奖项。

2016年，最折磨我的问题是科达股份未来的远景，科达股份要成为一个什么样的公司呢？基于这个问题，我们请来国际著名咨询公司BCG来做战略咨询。通过外部专业公司的视角和方法，我们第一次对重组后的科达股份有了一个全景扫描，我们最需要的是：同一个科达、同一个梦想。市场上能赚钱的公司很多，但是伟大的公司却不多，那种保持活力长青的公司更是少见，但凡那种能够持续为社会创造价值、为股东带来回报、为员工提供实现自我平台的公司，都有一个很清晰的战略，很激动人心的梦想，并且通过这个战略和梦想来凝聚优秀员工持续为之奋斗。以此为基础，我们明确提出科达股份是一家做数字营销，以营销云作为战略的公司。作为中国主板上市企业中第一家数字营销公司，科达股份将从资源和服务向产品技术服务转型，并以成为"中国数字营销之王"作为我们的目标。

在党的正确领导下，中国改革开放取得了巨大的成就，我们的经济总量发生了巨大的变化，在这么一个伟大的历史进程中，涌现出了一大批优秀的中国企业家。现在，作为年轻一代，我由衷地向老一辈企业家致敬！我认为老一辈企业家的创业精神需要坚守和继承，而新一代企业家的创新再创业精神需要树立和发扬。

感恩赶上了一个好时代

上海绿亮集团有限公司董事长　方加亮

　　我出生在浙江省温州乐清的一个农村家庭，论地域，是山里人，从小没有受到过都市风气的浸润；论学识，也没读过几年书，为家庭操劳，四处奔波。父母都是以务农为生，兄弟姐妹四人，家境很贫寒。如何让自己及家人的生活过得好一点？我在目力所及的范围内，看到的就是依凭体力干活赚钱。钱多了，生活条件自然会逐步改善。我又是家里的长子，自然要为父母分忧。

一、我的第一份工作

　　我做的第一份工作是收购废铁。那时也就十五六岁，要是在城里，还是被当作小孩呵护的年龄。那时候，我一个村儿一个村儿寻觅、一个镇一个镇搜索，常常为了几十元、上百元的"大生意"，和村镇工厂里的领导死磨硬缠，说干了嘴唇要别人把存有的废铁卖给自己。用自己的双手和体力去赚钱，虽说收入低微，但也让我尝到了劳动赚钱的喜悦，更坚定了我劳动致富的信念。

　　从懂事那一刻起，识字甚少的父母就谆谆告诫我：做人要老实，待人要厚道！而且在多种场合一再这样教育我。我照着去做了，后来才渐渐懂得这也是"诚信"的基础。

二、第一次闯上海

1992年，家乡人都在议论：上海要大发展，浦东要开发，我们何不到上海去闯一闯？我因为给温州私人老板做过三年货运司机，送货地点就是上海，所以更有一些直观的感受，于是我就把目光投向了展翅欲飞的浦东。

怀揣微薄的资金来到上海浦东，当时浦东到处都在造房子、搞基础建设，到处都是工地。我似乎看到了商机的存在：做建材生意。

在同乡和朋友的扶持下，我和妻子在一个工地旁开了一小间建材店。那时候生活条件非常艰苦，住所也是建材店旁自己搭建的一间斗室，雨天像水帘洞，酷暑似蒸笼。凭借着比别人更能吃苦，比别人更早一小时起床干活以及本本分分、老老实实地做生意积累起来的口碑和人缘，建材生意逐渐走上了正轨。有了些许资金的积累，也为后来的发展打下了一定的物质基础。

中国改革开放日新月异，市场变化非常快。1996年后，建材生意出现了下滑，我就去干了几年翻砂铸件的活儿。我觉得，别人不愿意做，而市场有需求的，这就是机会！一批上海及上海周边城市的知名企业、医院等指定我们代为加工配套铸件，包括上海人民广场和南京路步行街上使用的栏杆等，自己真正感觉到成了上海这个城市的建设者，以自己的双手改变着这个城市的面貌，为此很自豪。

三、创建电动自行车"王国"

今天提起"绿亮电动车"，许多人都知道，这是上海的一个名牌产品，一个著名商标。当时怎么会又一次转型去做电动自行车？这里和大家分享一下。

那时为了给铸件厂采购零配件以及买菜，添了一辆电动自行车作为交通工具，觉得非常实用。恰在此时看到《新民晚报》上的一则报道：上海启动第一轮环保"三年行动计划"，将于2004年全部淘汰燃油助动车。这让我有所触动：电动自行车应该有着非常大的市场需求，搞电动自行车制造销售，绝对是机会。可当我将这个想法说给家人朋友时，却是质疑大于赞成。他们认为正在搞的铸造行当已经熟门熟路，而改弦易辙去做既不熟悉又无门路的电动自行车，风险太大。

于是我自己跑市场，做调查。上海这样的改革开放前沿城市，每年吸引着数以十万计的外来人员加入，而其中的绝大部分人会选择买一辆电动车作为上下班交通工具。按当时的官方统计：上海年销售约十万辆。随着燃油助动车淘汰期限临近，电动自行车的销量将会不断攀升，这是绝佳的市场机遇，所以我下定决心投入全部资金搞电动自行车生产！

之后，我们开始调研、策划、设计、开模、试产、再调整……经历了艰苦的过程，终于在2000年5月1日，品牌为"绿亮"的电动自行车正式诞生！批量试销，立即受到追捧，产品当场售罄。

2000年年底，我们在闵行区建立了"上海绿亮电动车有限公司"，租赁了梅陇镇的现有厂房，开出了一条年产两万辆电动自行车的生产流水线。由于款式新颖、质量上乘，很长时间内，绿亮电动车都处于供不应求的状态。车行催货，一些经销商经常派人守在公司里，希望自己能得到优先提货的权利。面对如此良好的市场效应，我们决定再次投入资金，扩大再生产，新建的12000平方米新厂房，年产能力达到20万辆电动自行车。上海绿亮电动自行车的市场份额，也一度达到近25%。

绿亮牌电动车连续获得"上海市名牌产品"称号；2005年被授予"上海市著名商标"；2005年被认定为"上海市高新技术企业"。我也在2004年被评为"闵行区十大杰出青年"；2008年当选"上海市十大杰出青年"；从2008年起连续两届担任上海市自行车行业协会会长。

四、绿亮人在冲浪远航

绿亮集团乘着国家改革开放的东风一路发展，创业创新的领域不再局限于电动车，近几年我们还拓展了铁皮石斛生产销售业务，发展起了科技创业园区。

我们选定云南西双版纳为铁皮石斛种植基地，采取"公司+基地+农户"的运营模式。当地的农民通过承包种植铁皮石斛，收入得到很大的提高，农民的生活质量也因此得到了较大的改善。近年来，公司响应"大众创业、万众创新"的号召，致力于打造"上海绿亮科创园"。时至今日，集团旗下的科创园已建成体量20多万平方米的科技园区。园区的创业苗圃主要服务于高校毕业生，为他们提供场地、资金、创业导师等，对有强烈创业梦想、有创新思路的创业者提供系统的支持与帮助。

受惠于国家的改革开放，企业做好做大了，如何承担更多的社会责任？如何回馈社会？这是我一直思考的问题。我在多年前就关注慈善事业，在别人有急难困苦的时候，帮助他们渡过难关。我们在2003年非典期间向闵行区梅陇镇捐款6000元；2004年在上海市红十字会举办的"庆百年，博爱行"活动中捐款26.8万元；2005年乐清老家遭受"云娜"台风和洪涝灾害，我们资助家乡10万元用于建设；向闵行区梅陇镇扶贫基金每年的捐赠、向闵行区"光彩事业"的多次捐赠及向上海市青少年发展基金会希望工程捐赠等，总金额不少于500万元。

40年来，中国经济社会实现跨越式发展，同时改写了无数人的命运。在这一进程中，我们增强了自信，丰富了阅历，拓宽了眼界，成为新时代的弄潮儿。

刚刚过去的40年，对于我们的国家、民族乃至个人，都是一个波澜壮阔的时代。赶着中国这改革开放的大潮，"绿亮人"正在冲浪远航。

改革开放成就罗曼

上海罗曼照明科技股份有限公司创始人　孙建鸣

改革开放四十年来，中国经济社会实现了跨越式发展，同时也改写了无数人的命运。

罗曼公司从成立至今，立足本土，经略世界，每一次创新都是一次自我突破，在城市夜景规划与夜经济布局、专业照明设计及施工、智慧路灯及智慧管理信息服务等方面抢占优势，为打造宜人夜光环境、提升城市生活品质、推动城市经济发展做出了贡献。

一、从辞去公职到创业的"冒险家"

20世纪70年代，中学毕业的我被分配到一家钟表零件厂当学徒、修钟表。在那个年代，这算是一份颇令人羡慕的体面工作，不但可以学到技术，而且工作环境也不错，我非常珍惜这份工作。因为自己肯吃苦，又好学能干，很快我成为厂里的生产骨干，短短几年内入党、提干。我还利用业余时间上了工业大学，学习自动控制专业，拿到了大专毕业文凭，一步步从工人、组长，做到车间主任、计划科长。

1978年十一届三中全会开启了改革开放的步伐，深圳、蛇口经常有传奇一般的故事传来，那些故事带给我的不仅仅是震撼还有好奇、冲动和不甘心，还有存在于自己内心深处的对于未来的一种不那么清晰的却又真实存在着的梦想，所有的感觉夹杂在一起，让我无法安下心来。1988年，我成为局里唯一一个辞去公职去创业的"冒险家"。那时候的我，没有资金、没有人脉，也没有任何经验，唯一拥有的就是那无知者无畏的勇气。

1988年的深圳不像现在繁华，那时候整个城市只有一条街，四周都是农田和荒地，所谓的开拓业务，其实也就是每天骑着自行车在街上到处转悠。大街上流动着的是从全国四面八方涌来寻找商机的"卖家"人群，真正的"买家"很少。半年之后，我终于做成了第一笔生意，卖掉10箱一次性针筒，毛利600元。但是因为自己在商务方面经验不足，买家直接和贴在货物单上的卖家联系了，我这个中间商直接就被跳开了。经过这次创业的失败，我重新审视了市场、审视了自己，并结合了自己的优势，介入了当时政策优惠和利润较高的真丝服装生产、设计行业。

当时服装行业最缺的就是技术工人，而上海是当时的纺织制造业的龙头，20个上海工人跟着我去深圳淘金，本以为一切都会如愿进行，但是当时深圳的生活实在是太单调了，除了上班就是吃饭，没有亲人、没有娱乐，不出3个月，20个上海工人都选择了回家。好在经历过创业失败的我，已经有强大的内心去面对这些困境，我把工厂承包给熟悉本地市场的人，自己跟着一起干。只用了短短一年时间，工人和客户稳定了下来,工厂的产量也稳步上升,生产的服饰除了供应出口之外,还走向了全国各地。

深圳十年,几经挫折,但是我总算在这块创业的热土上掘到了自己人生的第一桶金,完成了原始资本的积累。1998年,我回到了故乡上海,成立了上海罗曼照明工程有限公司,当时看准照明工程这个行业是有前途的朝阳行业,也没有刻意规划过公司的未来,我只知道,上海被称之为"夜上海",我们要做的就是打造名副其实的夜上海,营造城市夜游经济。

罗曼公司主打的是景观工程,公司成立以后第一个承接的工程是"八运会"一个体育场的外墙照明工程。工期紧、要求高、队伍初次出征,很多地方需要磨合,但这第一炮却又是非打响不可的。我穿着工作服和工人们一起挖沟布线,任劳任怨、埋头苦干,工程按期高质量地完成了。随着公司的发展,我们承接的工程越来越多,为了免去许多中间环节带来的枝蔓和拖沓,我决定调整公司的策略,自主产权的设计、工程、产品一条龙生产线宣告完成。完整而独立,完全可以由公司自己控制的产业链就此形成,为罗曼持续发展打下了坚实的基础。

二、党建引领企业发展

罗曼公司成立20年来,在每一个罗曼人的坚持和努力下,以一体化规划设计、一体化资源整合、一体化后期运营、一体化贴身客户服务的"四位一体系统"为理念，目前罗曼公司已具备国家颁发的"城市及道路照明工程专业承包一级""照明工程设计专项甲级"资质，成为照明工程领域为数不多的具备"双甲"资质的企业。

2014年3月5日，罗曼股份成功在新三板上市，通过新三板的资本平台，实现资本转型，完成从传统家族型企业向规范的公众股份制公司的转变。主营业务收入和净利润持续稳定增长，经营规模和实力进一步壮大。

改革开放给我带来机遇，我理应回报社会，作为曾经的杨浦区人大代表，我努力做好社会活动家的角色，小区的公共活动空间较小、健身器材布局欠周全、公交车终点站设置不合理等，只要有居民来找我反映问题，我都尽力帮助他们解决。企业家的社会责任更多的应该是从事有益于整个社会的事业，在所有的社会活动中，我最乐于去做的是帮助大学生创业，这和国家倡导的"双创"不谋而合。

每一个民营企业的老总都是一部自主创业的教科书。社会倡导培养创新、创业人才，鼓励大学生自主创业，对大学生创业进行指导，把我们的经验、教训传授给大学生，相信对他们今后的就业和创业一定有非常大的帮助。所以我也萌发了设立创业基金的想法。我利用担任控江商会会长的资源优势，联合了工商联、社区和大学的力量，募集资金成立"控江商会大学生创业基金"，资金用于大学生职业教练营的日常经费开支与大学生创业课题研究，多家企业的老总作为教练营的教练员走进高等学府，与此同时，学生们走出校门，到企业去实践，去亲身感受创业的氛围。

在公司进入了正轨后，我也退出了公司经营班子，卸任董事长，担任了罗曼公司的党支部书记，专心做好公司党建工作，使党建工作为企业发展助力，为企业发展保驾护航。

最令我感到荣耀的不是企业做到了行业领军水平，而是企业的党建工作在"两新"组织中出类拔萃。我们是民营企业中同时荣获上海市"党建工作示范点""上海市五好党组织""上海市文明单位""上海市工人先锋号"等奖项的企业。罗曼公司党支部结合公司自身发展需求，提出了高举党建旗帜，发挥党员示范作用，以党建为抓手引领公司业务发展。创建的两大党建品牌"构筑杨浦创新城区人才高地"和"工程做到哪里，党建工作渗透到哪里"，有效地凝聚了党员和员工的智慧和力量，促进了党支部和企业共同发展、共同成长。

张开理想翅膀　实现美丽梦想

天津梦得集团有限公司董事长　于　静

梦得集团是一家从饲草种植、奶牛养殖、乳制品加工、物流配送、生物技术研发为一体的国家级农业产业化重点龙头企业。在多年企业发展过程中，经历过困境和艰难，但困境和艰难中我却始终怀有理想，坚信失败的历练可以成就一个人，也可以成就一个企业。

一、奋斗之路，执着坚守理想

每一个人心灵深处总有一种信念和追求支撑着自己为人生留下美丽的足迹。时光荏苒，转眼间我走过了30多年的创业经商之路。我20岁只身到深圳闯天下，卖过电器、投资过服装厂、养过猪、也干过计算机销售，但都不成功。

20世纪90年代初期，我在北辰经济开发区组建了天津梦得食品饮料公司，生产销售"梦思得露"品牌食品和饮料，一度成为长江以北最大的乳酸菌生产企业，还是天津市电视台重要的广告客户之一。但是随着产品制作成本升高和市场知名品牌的压力，销售受阻，企业陷入了困境。一次偶然的机会我认识了当时全国最大的生产矿泉水的企业老总，促使我决定了企业的第一次转折：与这家企业合作，加工生产纯净水。当时，这家企业提出了非常苛刻的要求，即全部设备要进口的，我把企业全部资金都投了进去还差800万元。经过东拼西凑，最后总算凑齐了费用，按当时的协议，只要生产一年就可以还清全部借款，但设备刚刚安装调试好，就受到1998年全国水灾的影响，还没生产就停产了。这使本来已经很困难的企业雪上加霜，部分员工对企业前途失去信心离开了企业，企业再次陷入困境。

创业之志支撑着我的信念，梦想之志成为我战胜困难的精神武器。就在1998年，《今晚报》提出"送奶上楼"的设想，但天津市几家大的乳品企业并不看好这种新的营销渠道，而我认为这是一条大有可为的创新之路，是一条使企业走出低谷的最佳路径。但是，在公司经理会上大家都不同意，认为企业已经没有能力再投资了，最终我还是说服了大家，生产牛奶并与《今晚报》合作送奶上楼，开辟"为民服务送奶上楼"投送新途径，这是企业第二次转折。

看似风平浪静，实则举步维艰。当接到《今晚报》第一个月的订单时，所有人都惊呆了：每天只有12个订户。要知道生产线日最低生产量为1吨，那就是4000袋啊！面对这个结果，人们开始怀疑送奶上楼是否可行。但我认为，有今天的12户，就会有明天的120户和将来的12000户。关键的问题在于：我们要走出去，要用爱心服务社会并宣传我们的产品，展示我们梦得的企业形象。我们相信只要付出就会有回报。我们把未订出的3988袋牛奶每天轮换着在各区无偿赠送给晚报的订户，请消费者品尝我们牛奶的质量、体验我们服务的水平。经过努力，第二个月我们就有了7000个订户，大家都松了一口气，以后每个月以1万户的速度递增，到年底达到了10万个订户，第二年就达到了16万订户，企业用爱心、服务赢得了消费者的信任。

我觉得，失败带来的历练铸就了我百折不挠的性格，只要心存信念必会迎来灿烂的曙光。只有不畏惧、不退缩、不放弃，才会转化为不屈不挠的动力，我也第一次品味了企业的社会责任。今天，回想创业之初的坎坷之路，我深深地体会到，坚忍就是一种勇敢，执着成就美丽。

"送奶上楼"这背水一战，使公司逐步走入正轨，也真正找到了适合自己发展的战略定位。我们投资2000多万元引进瑞典全自动生产线，推出了梦得企业自己制造的国际高端瑞典利乐枕牛奶系列。同时推出了"送奶进学校""送奶进军营"的举措，与"送奶上楼"形成梦得公司独有的三大营销网络，当年销售收入直线上升，公司也赢得了社会赞誉。独辟蹊径、锐意创新，使"梦思得露"一步步成为家喻户晓的天津市著名品牌。梦得公司从一个地方品牌走向全国。

2002年，梦得集团与上海光明乳业股份有限公司合资成立了天津光明梦得乳品有限公司，这是企业的第三次转折，双方优势互补，很快成为具有现代化高标准的乳品生产基地。截至2017年年底，企业累计投资额4.6亿元，销售收入累计79.69亿元，税收累计3.65亿元，利润累计4.97亿元。在此期间，企业先后建立了党、团以及工会组织，我还完成了天津财经大学EMBA硕士学习、英国剑桥项目管理、市委党校、统战部等相关培训和系统学习，在完成自身命运挑战的同时，也完成了对自我素质与价值的一次次提升与超越。

2006年，经过多方努力，我们获得了国家农业综合开发项目760万元的资金支持。为了搞好这个项目，我们投入了大量的人力、物力、财力，但恰恰就在这个关键时刻我被诊断得了癌症，而且还是中晚期。我不知道自己还能不能活下去了，项目肯定是不能如期完成了，但我不能对不起国家，我决定将国家的资金退回去并申请项目终止。一年后，当有关领导知道退回国家项目的企业老总已恢复工作时，当即说："像这样讲诚信的企业家应该给予支持。"最后，通过申报，我们再次获得了国家项目的资金支持，而且是1500万元。

科技是第一生产力。公司要想进一步发展，科技投入必不可少。多年来，公司在人才、技术等方面的大量投入正使我们源源不断地收获着累累硕果。我们先后完成了国家级项目26项，省部级项目40项。国家农业部转基因生物重大专项动物新品种培育基地的建立、天津市首例体细胞克隆牛的诞生、天津梦得院士专家工作站的成立、天津滨海奶牛科技园区的建设等一项项科技成果靓丽面世。如今，梦得集团拥有了世界上最大规模的可生产珍贵医药蛋白的奶牛群。该项目被列入"国家十一五、十二五和十三五重大专项"，最终目标是通过组建生物反应器生产抗肿瘤生物药品。"优质乳生产的奶牛营养调控技术及应用"科研项目获得国务院颁发的"国家科技进步二等奖"，这是天津农业系统近年来获得的国家级最高奖项。我也先后被评为天津市优秀科技工作者,入选"科技部科技创新创业人才""新型企业家培养工程"及国家高层次人才特殊支持计划领军人才、天津市北辰区科技致富带头人和北辰区拔尖人才。

二、发展企业,勇担社会责任

我的梦想是"发展企业,富裕职工、服务社会""饮水思源、富而思进",在企业发展的同时,回报社会是我最大的心愿。从2005年出资30万元资助甘肃贫困学生,到援建蓟县孙各庄学校,再到新疆和田的希望小学;从2006年开始每年出资10万元在天津中医药大学和天津医科大学建立奖学金到2012年出资500万元建立"平静天使基金"资助品学兼优的医学类贫困大学生;从出资125万元捐助汶川到捐助雅安;从捐助贵州母亲水窖工程到贵州黔西县和承德丰宁的精准扶贫等,只要党有号召、群众有困难我都要积极参加,予人玫瑰、手有余香。特别是党的十九大以后,梦得集团响应党的号召,积极投身到乡村振兴战略和精准扶贫工作中,目前,带动农户4200多户,采取"公司+合作社+农户""保底收入+分红"和"租金、股金、薪金+公益"的带动模式,年直接带动资金1000多万元。

三十多年过去了,曾经的挫折使我在商海中逐渐成熟起来,我的企业也在全体员工的努力与拼搏中,不断地历练、不断地发展,成为现在拥有五个子公司的集团公司,我自己也成为政协天津市第十一、

十二、十三届常委及天津市北辰区人大常委会副主任、北辰区民建主委、天津市商会副会长、全国奶业协会副会长等，并获得了全国三八红旗手、全国优秀中国特色社会主义事业建设者、天津市优秀企业家，先后两次被评为天津市劳动模范。另外，我还获得了高级经济师和农业推广研究员双高职称并享受国务院特殊津贴。

作为一名民主党派人士，在担任市政协常委期间，我始终把参政议政、履职尽责贯穿始终，作为一名政协委员，不仅是一种荣誉，更是一种社会责任和政治责任。我先后提出提案28件，涉及三农、经济、财政、税务、交通、公安、城建等多方面的问题。所提出的问题大部分都得到了落实，为天津经济社会发展和社会繁荣安定做出了自己的贡献。十五年的政协委员履职生涯告诉我，要想真正履职尽责，必须以人民利益为出发点和落脚点，紧密结合自己的实际工作，不计较个人利益得失，忠实反映广大人民的心声。

乘风破浪会有时

四川明达集团总裁　冷　阳

沐浴着改革开放的春风，我们于1996年经拍卖取得位于小凉山下、大渡河畔的四川省峨边彝族自治县国营电石厂，更名为四川峨边明达电冶有限公司。

2001年，四川明达集团正式成立。通过两代明达人的努力，公司目前拥有21万吨高、低碳铬铁产能，5.4万水电装机发电厂，火车专用线一条，并拥有进出口贸易、互联网工业服务等多种经营能力，每年营业收入20多亿元，纳税上亿元。

二十二年风雨历程，长路当歌；多元化的经营战略、前程似锦。回眸秀色多，在明达集团发展历史里，写满了荣誉，缀满了自豪：2008年，5.4万装机玉林桥水电站建成投运。同年，四川明达集团峨边合金有限责任公司2X16500KVA冶炼炉投运，年产能增加10万吨高碳铬铁。2012年，集团总部由峨边迁入乐山市中心城区。2013年，成立具有进出口经营权的金赛元公司，并陆续成立久颐文化、久颐初酒、能源科技、云服科技、工业卫士通、（横琴）资产管理、保理投资等十几家子公司。集团获历届"四川省守合同重信用企业"、省级及市

级 "明星企业"、"A级纳税信用等级纳税人"、"市级十佳纳税大户"、"市级先进基层党组织"荣誉及统计、安全、环保等方面的先进单位。获得"2017年四川制造业企业100强第56位""2017年度中国有色贸易企业50强""中国绿色发展联盟企业"等殊荣。

大渡河是一条书写壮歌的河流，历史与奇迹在这里交会，繁荣与激情在这里碰撞，明达人面对市场挑战，开拓进取、转型升级，志存高远、脚踏实地、团结拼搏、争创一流，"致力于绿色崛起、建设美丽峨边"。以"明静致远，惠达天下"的信念；以"值得做的必做成，最值得做者必先成"的优良作风；"以产融结合、产业链整合、信息化革新为主要内涵的创新型现代民营企业的领跑者"为使命，力争实现工业服务的开拓者，清洁能源的整合者，基础制造的革命者。

1978年，党的十一届三中全会正式吹响了中国改革开放的进军号，全国各族人民，社会的各个阶层、各个领域、各种行业都跟随着时代的步伐加入到改革开放的滚滚洪流中。对于党的改革开放政策，我发自内心拥护，并且深有实践体会。

一、没有改革开放，就没有民营经济今天的辉煌

改革开放40年，为民营经济发展壮大提供了"天高任鸟飞，海阔凭鱼跃"的壮丽广阔的舞台。乡镇企业以"村村点火，户户冒烟"及"千山万水，千言万语，千方百计，千家万户"的"四千精神"，在全国经济领域异军突起，为后来的民营经济发展壮大奠定了基础。

四川明达集团从最初的乡镇企业发展到今天，在行业上有较重的话语权，就诠释了这段历史。民营经济的发展过程，既证明了改革开放的正确性，也在中华大地上演绎了经济发展波澜壮阔的雄浑历史。

改革开放四十年来，中华民族已经傲然立于世界民族之林，全国人民通过勤劳的双手建设起了一个美丽的中国。这些成绩也凝聚了我们的一份努力。我带领明达集团近千名员工在近几年内也取得了一些业绩，这份业绩凝聚了太多明达人的奋斗和坚守。他们用自己的忠诚铸造了明达脊梁！创新、共创、共享、诚信、敬业、感恩，明达集团永远在路上。

二、没有忠诚的奉献者，就没有民营经济今天的壮大

改革开放40年，如果没有一大批兢兢业业、无私奉献的忠实执行党的政策、对党无限忠诚的各级领导干部和一大批基层工作者的推进，也不会有民营经济今天的发展壮大。四川明达集团的发展，一起步就按照县委、县政府当年提出的"以林蓄水，以水发电、以电兴工、以工补农"的经济发展指导方针，以"电冶结合"为方向发展到今天，已经用实践证明了这一点，交了一份满意的答卷。

改革开放40年，民营经济的发展壮大首先靠的是正确的政策，其次离不开优秀的带头人、一流的经营团队和员工的无私奉献和奋斗拼搏。四川明达集团经过22年的发展，现拥有员工近千人，资产近20亿元，这种成果完全是要靠以上几条才能获得的。我们经历过

许多坎坷，直到今天也丝毫不敢懈怠，我将带领明达人继续奋斗五年，以实现战略目标新高度。五年后根据公司情况，再确定新的奋斗目标。

三、"饮水不忘挖井人"，民营经济要勇于承担社会责任

改革开放40年，民营经济发展壮大后，一定要勇于承担社会责任。企业发展壮大后，除正常的缴纳税赋外，还应将利润的一部分用于两个方面：一是对内改善员工的福利、提高员工收入水平；二是勇于承担社会责任，在脱贫攻坚、精准扶贫上多做贡献，特别是在教育扶贫上要狠下功夫。我是这样想的，也是这样做的。据不完全统计，自明达集团成立以来，我们在社会公益事业方面支出近580万元。特别是从2016年开展精准扶贫行动以来，在两个贫困村脱贫帮扶、教育扶贫和各项社会捐助等方面共支出近300万元。近三年来，在教育扶贫上共帮扶2000余人/次大中小学生，资助额近200万元。

在以后的发展中，我们一定认真学习贯彻党的十九大精神，高举习近平新时代中国特色社会主义思想的旗帜，为实现中华民族伟大复兴的中国梦奉献绵薄之力。作为企业，我们会更加努力奋进，"不忘初心，牢记使命"，把本职工作做到极致，"集细流而成江河"。"乘风破浪会有时，直挂云帆济沧海"，我相信乘着改革开放的东风，凭借着全国各族人民的聪明智慧和勤劳勇敢，中华民族的复兴一定会早日实现！

把握制造业发展新机遇

青岛酷特智能股份有限公司总裁　张蕴蓝

作为传统制造业的一员，我有十多年的实践经验，很愿意和大家分享对传统制造业转型升级的思考与践行。

首先我想跟大家分享一组数据：一年生产100万套件个性化定制的服装，找不到两件一模一样的；0库存；工人不加班，一天工作8小时，工资比同行高出500～800元；利润比同行高出1倍；订单年年翻倍。很多人好奇，为什么在同行业业绩连续下滑的情况下，酷特的业绩却连年高速增长，为什么服装界普遍为库存叫苦连天时，我们（酷特）做到了没有库存？其他工厂为了降低成本、提高效率都在争取大批量同质化的订单时，为什么酷特每一件衣服都不一样，而且不影响效率与成本？

这一切需要回到我刚加入企业的时候。记得有一年我带队参加美国拉斯维加斯的行业展会，其中一位美国客人得意地对我说，他本来预算200美元采购价，结果经过了几个中国展位后，中国工厂相互杀价，最后50美金成交。中国工厂在外互相进行价位厮杀，与此同时，国内制造成本却在攀升，成本红利逐渐消失，所以利润越来越薄。当时我想，这样发展下去，十年后还会有酷特吗？希望在哪里？未来在哪里？酷特有什么优势或者能力应对如此激烈的竞争？未来的中国制造还是低质、低价、低附加值的代名词吗？最终，我们决定转型，努力打造自己的核心竞争力，远离以价格导向为主的恶性竞争。基于对互联网崛起和消费主权时代到来的判断，从2006年起，我全力推进公司转型，专注研究个性化定制。

因为传统的个性化定制需要准确呈现客户的具体身材数据和喜好，制作周期长、价格高，只能满足少数高端消费群体，对人工的依赖高，成本也高，很难复制量产，所以我们十几年前就开始着重研究如何运用信息化、大数据等手段解决个性化与工业化的冲突。当时选择了世界上最难的一个市场——美国纽约作为我们的第一个实验城市。经过十多年的努力，前后投入了接近3亿元的研发资金，我们成功地将个性化融入工业化生产中，实现了用工业化的手段和效率制造个性化的产品，从一天生产一件个性化定制的服装到一天三千多套件，开创了C2M（个性化定制工厂直销）的商业模式，成为世界上最大的个性化定制供应商。

C2M模式打破了工业化与定制化不可调和的桎梏，解决了服装界库存和产品同质化的问题。在整个服装行业日渐下行的今天，我们实现了逆势增长，同时也得到了政府、媒体和国内外同行的肯定与支持。酷特先后获得"中国两化融合50佳企业""世界领先的大数据驱动的'3D打印逻辑'智能工厂""工信部 2015年度智能制造试点示范项目""山东服装两化融合创新大奖"及国办、国家发改委、工信部推荐的国家级"互联网+"示范企业等荣誉称号和奖项。仅2016年至今，酷特就三次登上中央电视台。

酷特成功后，公司每天都有国内外的参观访问团队，有美国、德国、澳大利亚、日本的客户，也有海尔、华为、美的等国内大中型企业，但更多的是急于寻求转型发展的中小企业。对此，我们做了深入考量，是造就更多竞争对手，还是帮助众多企业特别是中小企业共同发展？最终，我们选择了后者，承担社会责任，共享发展成果。从2016年起，在各级政府的支持下，酷特将自己工厂的解决方案正式对外输出。目前，已在20多个行业、70个企业做转型升级的辅导改造，被工信部、中国互联网协会指定为工业大数据与智能制造的学习培训基地。

回顾大学毕业至今十多年的制造业从业经历，感受颇深：

一、要做好吃苦、受累和艰苦奋斗的准备

虽然二代企业家普遍都有良好的教育背景和成长环境，但是我们要清楚社会进步是快速的，竞争也更加激烈。作为接班人，我们绝不能因为自己的放松、懈怠而造成企业效益下滑甚至消失的后果。因为我们身上肩负着企业员工与社会的责任。站在巨人的肩膀上，更要兢兢业业、脚踏实地、艰苦奋斗。

二、要在驰而不息的创新创业中创造新的成绩

互联网时代，各国经济都在经受着巨大的挑战，传统企业的生存越来越艰难，全球企业正在经历一场残酷的洗牌。作为年轻的企业家，特别是中小型企业家，我们要感恩这个时代，要看到并且也要抓住这个历史性的机遇，因为这个时代给了很多有创新精神的企业快速崛起的机会。中央提出的"中国制造2025"是非常有远见和超前的，智能制造是中国制造业弯道超车的法宝。作为年轻的企业家，我们要深刻把握时代的趋势，热情拥抱变化与挑战，奋勇拼搏创造新的未来。

没有中国共产党的领导，就不可能有中国社会的和平与稳定。没有改革开放的伟大历史机遇，就不可能有民营企业的今天。

这是一个好的时代，因为到处充满着创新与机遇，奇迹时时刻刻在发生；这也是一个坏的时代，传统的、保守的企业与大脑都会被时代无情地抛弃。让我们年轻的企业家团结起来，抓住机遇，不辜负企业、社会与国家对我们的期待，为中国的强国之路做出自己应有的贡献！

乘改革开放东风　筑祖国美好山河

湖北山河集团党委书记、董事长　程理财

每当被问起企业发展的"秘诀"时，我常说"没有改革开放，就没有今天的山河集团"。这不是一句套话，而是肺腑之言。企业的兴衰从来都与国家的强盛紧密相连。

从1969年的36支泥瓦桶起家，到现在的中国企业500强、中国建筑业50强，可以说，在市场竞争的大潮中，我们的企业从飘摇的小船逐步成长为航向准确、劈波斩浪的大船，改革开放的40年也是山河集团从小到大、从弱到强的40年。

我不会忘记将企业从黄冈迁往武汉的全过程，那时候，未来的发展并不明朗，但我们拥有着破釜沉舟的勇气和决心，一往无前。这一决定为企业带来了"质"的变化。

我不会忘记"区域化"战略实施过程中的艰辛，从新疆这第一个省外市场开始，举步维艰，但勇往直前。从无到有、从小到大，我们逐步设立了14家区域公司，这一战略为企业带来了"量"的飞跃。

我也不会忘记打造第一个国家建筑工程质量最高荣誉奖项"鲁班奖"背后的故事。竞标项目时，我们被竞争对手嘲笑"不自量力"；

中标后，在施工合同中写下"工程质量不达标，保证金不退还""一定要拿到鲁班奖""法人代表每周去工地检查一次"的条款；施工过程中精益求精，光是施工图就经过几百次易稿。这一尝试为集团在建筑业界赢得了"金不换"的口碑。

我更不会忘记从"专业、专注发展好施工总承包"到夯实"一主两翼"产业格局的战略性转变背后的努力。我们不忘初心，在做好建筑主业提质升级的基础上，适当适时地发展房地产和投融资业务，实现全产业链布局，力求相互促进，协同发展。这一战略使企业的"提档增速"成为可能。

我认为，在企业的发展过程中，除了顺应历史潮流、抢抓时代机遇外，无论何时，"企业家精神"和"工匠精神"都不可或缺，这是企业持续发展的思想动力。

企业家精神，是一种创新精神，也是一种使命感。中国经济处在爬坡过坎儿的关键节点，我们的企业也要面对困难、接受挑战、战胜自我。世界上唯一不变的就是变化，我们要心存理想和激情，保持对企业发展变革的勇气。我们会坚定信心，坚守实体经济不动摇，坚持"建筑"主业和"筑品质山河，成百年基业"的梦想。

工匠精神，是精益求精，是专注专业。在实现"创过程精品，做全优工程"的过程中，我们重视打造知识型、创新型的员工队伍，并着重培育技术型人才。通过开展职工技能大赛、业务培训班、评选"山河工匠"等形式，建立精业、敬业的人才队伍，为企业转型升级提供坚实的支撑。

借助国家改革开放的时代红利，未来，山河集团将在国家"三大攻坚战"的指引下，进一步增强企业核心竞争力，实现高质量发展。

一、重视系统防范，运筹风险控制战

如何预防、控制、化解发展中所面临的风险是长期不懈的工作。追求高质量发展，并非将企业规模放在首位，而是追求良性的、可持续的发展，这已经成为越来越多企业的共识。

制度层面，建立健全集团风险控制体系，全面涵盖，不留盲点。操作层面，对重点风险点要精确处置、多措并举，并把握好节奏和力度，减少企业损失。业务层面，积极推行集团的各项标准化要求，使各项工作走上规范化、科学化的轨道，从根本上杜绝新的风险点的产生。

二、参与乡村战略，助力脱贫攻坚战

实施乡村战略，看似简单的六个字，却意义重大。什么样的乡村才叫振兴？最好的回答就是：让农业成为有奔头的产业；让农民成为有吸引力的职业；让农村成为安居乐业的美丽家园。

我们将继续开展项目扶贫，建设重大民生项目；参与投资建设健康小镇，顺应农村供给侧结构性改革、新型产业发展，并在现代农业、有机农业方面开展投资；继续开展公益扶贫，多途径帮扶贫困户脱贫；继续开展教育扶贫，坚持捐资助学活动。2018年是我们实施捐资助学活动的第13年，已有6000多名贫困学生成为受益人，目前捐资金额超4000万元。未来，只要社会需要，这项公益事业我们将持续做下去。

三、实施绿色建造，打好蓝天保卫战

山河集团将自觉担起生态保护责任，算好"绿色账"，走好"绿色路"。持续推进"双标化"建设，落实安全生产，积极推进创建标杆工程、示范工地，通过举办现场观摩会，树立样板引导，打造品质山河。

科技创新，加快转型。大力推广新工艺、新技术的应用，提升企业生态环境保护能力。当前，我们在武汉市江夏区拥有了自己的装配式建筑基地，将打造"绿色装配产业园"和"智能建筑机器人产业园"项目。同时，集团大力推进"SSGF工业化建造体系"，推动企业向科技型、智慧型转变。

正如习近平总书记所说，中国改革"已进入深水区，容易的、皆大欢喜的改革已经完成了，好吃的肉都吃掉了，剩下的都是难啃的硬骨头"，改革开放远没有完成。我们也深刻认识到"不进则退，慢进亦退"的形势，不断增强紧迫感、责任感、使命感。未来，山河集团将以新作为担当新使命，以新理念谋求新发展，为迈向"中国建筑业第一方阵"不断努力奋斗！

守初心者赢未来

四川铁骑力士集团董事长　雷文勇

2018年是改革开放40周年，也是铁骑力士创建26周年。改革开放40年，是中华民族历史上具有里程碑意义的40年，是风云激荡的40年。铁骑力士在改革开放的大背景下应运而生，并茁壮成长。

26年在历史长河里不过是弹指一挥间，但对一个企业来说，却是一步一个脚印丈量出来的发展历程。26年奋勇拼搏，26年锐意进取，铁骑力士从三万元资本到百亿元资产，从6个人的"游击队"到万人"集团军"，从饲料小厂到集团企业。铁骑力士从单一的饲料企业发展壮大为全产业链的综合性现代企业，从偏处一隅的地方企业成长为具有全球视野的全国性企业。

作为一名"老铁"，看着企业一步步发展壮大，我由衷感到高兴和自豪。这里面有万名"铁骑"员工的心血和汗水。正是他们在各自的岗位上殚精竭虑奉献才智、兢兢业业不辞辛劳，才成就了我们共同的梦想，缔造了一个以高端食品为龙头，引领全产业链支撑的现代企业。

我们与时代同频，与发展共振，回应民生关切，把企业的命运与国家的命运和历史的发展紧紧联系在一起。通俗地说就是：听党的话，跟着政策走。

回首铁骑力士26年的创业史，每一步每一个重要节点，都紧扣着时代的脉搏：20世纪90年代，我和伙伴们响应党和国家的号召，"下海"创业，并把创业方向锁定在大有作为的"广阔天地"；后来，国家支持民营企业发展壮大，我们又积极响应，延长产业链，推行多元化战略，打造企业"集团军"；现在中国特色社会主义进入新时代，我国社会主要矛盾转化为人民日益增长的美好生活需要和不平衡不充分的发展之间的矛盾，对此，我们进一步延长产业链并谋求转型，从农牧企业向高端食品企业进军，以生产绿色生态的优质食品，为提升人民群众幸福指数贡献自己的力量。

党中央提出，要坚决打赢脱贫攻坚战。作为一家涉农的全产业链企业，我们是连接广阔农村与广大消费者的枢纽和平台。我们一端连接的是越来越"高标准严要求"的消费者，另一端是广阔天地里勤劳的农民。通过企业的生产经营，为农民，尤其是贫困农民找到"生财之道"，这一直是我们思考和探索的方向。

我们专门组建了铁骑力士集团社会责任研究中心，把党和国家关于精准扶贫的方针政策与企业的生产经营实际有机结合，发挥企业优势，让精准扶贫落到实处。我们探索了生猪产业"1211代养模式""1+8精准扶贫模式""T+生猪产业联盟养猪发展模式"和蛋鸡产业"1+4精准扶贫模式"等多种模式。2015年至今，通过发展猪、鸡产业，先后在四川、贵州、云南、江西、重庆5个省、直辖市及9个地市州、18个县市区、100多个乡镇投入20亿元，带动5000千余农户、万人贫困人口脱贫致富。为贫困户致富增收提供了更多可能；通过设计产业扶贫模式、培养产业扶贫人才等，将"大水漫灌"变成"精准滴灌"，注重提升贫困地区的内生动力，营造"造血功能"。

党的十九大提出了乡村振兴战略，这项战略让我们备感振奋，又深感责任重大。乡村振兴战略是全面建成农村小康社会的重要引擎，就涉农企业而言，也是我们举棋定向、谋篇布局以及建功立业的总依据。铁骑力士因势而谋、应势而动、顺势而为，自觉将企业发展理念、战略部署等集中统一到乡村振兴的大势之上。

我们建立了新农人讲习所和乡村振兴实验室，探索乡村振兴发展理论、总结乡村振兴发展经验，确保理论和经验可复制、可推广，想方设法尽快让农民群众富裕起来，使他们不断有获得感、幸福感、安全感。

守初心者赢未来。让农民微笑，把有知识的农民留在土地上，这就是我的初心，更是我的情怀，也是铁骑力士的情怀。

改革开放为我们民营企业的发展搭建了广阔的舞台，为我们开辟了干事创业的新天地。在这个舞台上，过去我们用激情和智慧演绎了精彩的故事，从一个侧面诠释了改革开放四十年来所取得的伟大成就。我相信将来我们仍能在进一步的改革开放中创造更加灿烂的明天。

致敬时代　感恩时代

新城控股（集团）股份有限公司董事长　王振华

2018年是中国改革开放40周年，新城集团也迎来25岁的生日。很荣幸作为公司的创始人，我参与并见证了新城由5人的队伍，成长为拥有2万名员工的民营房地产企业，见证了新城从100万元资金规模发展到1000亿元资金规模的综合性房地产上市企业。新城是伴随着祖国改革开放的脚步不断成长、不断壮大起来的。回首过去，可以说，有着成长的艰辛，也有着成功的喜悦，更有着刻骨铭心的感悟。

一、听党话、跟党走

回顾新城的发展史，我悟出一个道理：党的方针政策就是新城的机遇和发展动力，是新城前行的"航标"。

1978年，党的十一届三中全会做出了实行改革开放的重大决策，邓小平同志在"南方谈话"中提出"三个有利于"的标准，打消了人们的种种担心和顾虑，加快了改革开放的步伐。那时我还在织布厂里工作，党的政策让我感到震撼，我意识到快速发展的大时代已经来临了，时代在推着我们向前走。当时的我内心进行着激烈的思想斗争，一道艰难的选择题出现在我面前："干"还是"不干"？邓小平同志的"南方谈话"时不时在我耳边回响，他说"看准了的，就要大胆地试，大胆地闯"。最终，我决定试一试！1993年，我从厂里辞职，筹资创办了武进新城投资建设开发有限公司，当年恰好也是国内房地产的发展大势。

那个时候拿地没有现在这么复杂，市场形势也好，只要拿到土地就马上能卖房子。1998年下半年开始，国家停止住房实物分配，逐步实行住房分配货币化。这一政策的出台，使福利分房制度彻底成为历史，房改走向市场化、产业化和商品化，楼市迎来了繁荣期。

2001年，对新城来说是一个重大的转折点。我们重组了江苏五菱柴油机厂，成功实现B股上市，成为江苏省第一家以房地产开发经营为主营业务的上市公司。2003年，新城进入上海，借助上海得天独厚的优势，2004年，销售额就突破了10亿元，这为我们深耕长三角打下了良好基础。2009年，我把总部搬迁到上海，深耕沪宁线2小时交通圈，并开始了商业地产计划，有了新城吾悦广场；2012年，新城控股集团在港交所上市；2015年，我们在上海证交所B转A成功。

2017年，党的十九大提出"房子是用来住的而不是用来炒的"的新定位，房地产回归其居住属性，社会步入新时代，新城也一举跃上了千亿台阶。

在企业发展中，我们牢固确立"党引领企业发展"的政治核心地位，并于1998年成立党支部，2009年更名为中共新城控股集团委员会。随着公司的不断发展壮大，党员队伍和党组织规模也得到了发展壮大。按照"融入发展抓党建、抓好党建促发展"的理念，新城不断加强企业党组织建设和党的政治引领作用，为企业的发展提供了坚强的政治保证和组织保障。集团也先后荣获"全国精神文明建设工作先进单位""全国文明单位"等称号。实践证明，党的建设是新城发展的关键所在、力量所在和保障所在。新城无论处于什么样的发展阶段，无论承载什么样的发展重任，加强党的政治引领作用，都是新城发展过程中关键性、决定性的因素。只有不断加强企业的党建工作，切实提高各级党组织和广大党员的凝聚力、战斗力和创造力，我们的事业才会无往不胜，我们的力量才会无坚不摧。

所以这么多年走过来，我始终相信，方向对了，路就不会遥远！听党的话，我才能做对；跟着党走，我才能走远。

二、不懈奋斗，久久为功

25年来，新城经历过这样或那样的挫折，但我深深知道，这个时代从不辜负人，企业在发展过程中随时会遇到"至暗时刻"，但它可以磨炼我们的韧性。

记得新城刚成立的时候，我们挂靠在政府下面，一共只有5个人和100万元的启动资金，我们租了3间房，在武进湖塘镇上就发展起来了。那时候，我和几个创业伙伴没有任何的现代企业经营和管理实战经验，什么都得自己想办法，每件事都要摸着石头过河。我清晰地记得，1993年，新城的营业执照刚刚拿到手，房地产业就开始进行调控，三年后全国各地都可以看到一片一片的烂尾楼，新城差一点倒在起跑线上；2007年，房地产行业进行全面调控，公司迫不得已采取了精减人员、出售高价地等举措来稳定经营，新城又差一点倒在创业的路上。可以说，创业就是一场生死战，胆识、目标、奋斗和运气缺一不可。

我曾讲过"三天企业"概念，任何企业只要松懈三天，都会被市场所淘汰。今天不奋斗，明天就落后，后天就淘汰！从新城二十五年来的发展历程来看，确实是这样的，我们每经历一次黑暗时，从来都是靠奋斗去突破，不放过岁月，更不放过自己，用踏实、果断、韧劲和水滴石穿的力量，去实现我们的梦想。

所以，我常常把新城比作一只骆驼，因为骆驼文化象征着持久的耐力与踏实的勤奋。人生的格局只有经历过艰难的考验才能快速成长。我们在复杂的政策市场环境中打拼，有时候就像进入了沙漠，资金用到了极致、销售用到了极致、人才用到了极致、资源用到了极致，好像走到了绝境，看不到出路，这种艰难困苦的环境极其考验人的抗压能力，这时候能够发挥的，只有人的精神力量，坚持下去，我们就能看到远方的风景。新城一直倡导"诚实做人、踏实做事"的文化，正是这样的骆驼文化，让新城将一个个高不可攀、遥不可及的目标，一一变为现实。

三、幸福要用责任来诠释

我对于"幸福"的理解因我人生和事业所处的不同阶段而不同。

新城创立初期，我亟须解决的是最基本的立身问题，所以当时企业立足于"多造房子、多卖房子"，主要追求的是销售和利润的最大化。我力争把企业竞争力做强、税收做大、就业做多，并把这些看作是我的"幸福"。

随着企业的发展壮大，新城的员工数量也在不断增长，我知道，此时我承担的不单单是我个人家庭的幸福，更有新城两万名职工的家庭幸福，而且还有社会的幸福责任。所以我努力加强员工对企业的认同感，让员工与企业共担风雨、共享效益、共同成长，这成了我追寻的"幸福"。

现如今，人民的生活水平不断提高，从满足于吃饱穿暖转变到更加注重个性和享受的多层次消费。为尽量满足人民群众对美好生活的追求，我们创新了人居产品和体验式的商业空间，针对不同消费群体的购房需要，我们从低到高对应不同层次，形成了"幸福启航""幸福乐居""幸福圆梦"和"幸福尊享"四大产品线。"让幸福变得简单"成为新城的企业理念，我也把"传播幸福"作为自己人生事业的重要部分。近五年来，新城在上海已累计开发项目30个，面积达500多万平方米，解决了17万人、3.4万个家庭的居住问题，仅近5年的纳税就达到47.9亿元。

　　我常常讲"能力越大，责任就越大"，千万级别的企业是属于老板的，而千亿元级别的企业则是属于社会的。我们在业绩突破上争分夺秒，在回馈社会方面也不甘落后。从扶贫助学到公益、慈善基金捐赠，从支持文化艺术发展到救灾抢险，新城的公益领域涉及地越来越广，公益足迹遍布的区域范围也越来越大，参与的人数也越来越多。2013年，集团创办了大型公益品牌"七色光计划"，搭建了一个连接贫困人口、爱心人士、爱心企业和社会组织的平台，其中"光彩图书馆"将计划捐建100座图书馆。通过这个平台，已经带动和吸引了20万人参与其中。

　　我们在幸福的道路上找到了正确的表达方式，在感到欣慰、自豪的同时也深知自己做得还远远不够。每年的年终大会，我都要向全体新城人讲述新城发展的天时、地利、人和，让每一个新城人都懂得，是党给予了新城创新发展的机会和舞台，是改革开放给予了新城生存发展的机遇。全体新城人都要有一颗感恩、报恩的心。

四、心中的高山，永远在前方

　　2016年，麦肯锡帮我们做的战略规划是2020年达到1000亿元销售额，但我们提前3年突破了这个目标。我一直在思考我们为什么能提前突破千亿？我认为最根本的原因，是国家对民营企业的高度重视和越来越好的营商环境。

　　党的十八大以来，习近平总书记就企业家和企业家精神多次作重要讲话；2017年，中共中央、国务院发布了《关于营造企业家健康成长环境弘扬优秀企业家精神更好发挥企业家作用的意见》；李克强总理还专门向中国工商业联合会第十二次全国代表大会发贺电，对企业家寄予厚望；党的十九大重申"两个毫不动摇"的方针，要求支持民营企业发展，强调激发和保护企业家精神，提出构建亲清新型政商关系，为我们企业的健康发展指明了前进方向、提供了根本遵循。

当前营商环境日益优化，国家对企业家也越来越重视，这极大地鼓舞了我们的信心，也充分体现了党中央对企业家的高度重视和亲切关怀。上海不仅是超大城市，还是一个非常细致的城市，很多营商环境方面的考虑走在国内和国际前列。特别是上海市各级政府用心、用情服务企业的那种高站位、高姿态、高效率，让新城有了长足发展。现在新城在上海的业务已经拓展到普陀、嘉定、青浦等七个区域。

今天的新城，处在这个伟大的时代，身在上海这个卓越的现代化国际大都市，已经成功跨过千亿。面对新的时代、新的目标，新城人心中的那座高山，永远在前方！我们已经重抖精神、毫不犹豫地踏上了新的征程。

回首往昔，深怀感恩之心；放眼前路，难抑澎湃豪情。我未曾辜负改革开放以来的40年，更不会辜负这个前所未有的新时代。唯有牢记习近平总书记为人民创造美好生活的嘱咐，始终坚定听党话、跟党走的信念，以永不懈怠的精神状态和一往无前的奋斗姿态投入到新时代的伟大征程中去。

我与新时代有缘

上海新联纬讯科技发展股份有限公司董事长　林卫慈

改革开放给我们伟大的祖国带来了翻天覆地的变化，我感触最深的是"新时代"带给我们的新机遇、新气象、新活力。"新时代"可以称得上中国改革开放四十年来最好的见证。

一、海阔凭鱼跃，大胆"下海"

20世纪80年代，我在一家国企担任计算机主管，由于学的专业是工业自动化，曾经的梦想是在国企安安稳稳地干一辈子，成为一名计算机应用专家。1992年初，邓小平同志的"南方谈话"改变了我的人生轨迹，我意识到中国将发生巨大的变化。海阔凭鱼跃，天高任鸟飞。我认为自己所学的知识和具备的能力可以为这个时代做出更大的贡献。1992年夏天，刚过而立之年的我与几位小伙伴们一起"大胆下海"，创办了一家民营企业。我给企业起了一个英文名字"NEWLAN"，中文名字叫"新联"。可能是由于"新"的缘故，我们也由此开始了创新之路。

管理思想家杜拉克曾经说过，"真正的企业创新应该是注重机遇的把握"。1994年的一天，我们偶然接到一家外企打来的电话，他们在上海的办事处需要建一个智能化网络。项目虽不大，但是却给了我思想的启发，我认识到了中国的改革开放正是需要建设许许多多的智能化楼宇的。于是，我们专注在建筑智能化这个科技领域，从普通的系统集成商做到了世界500强在亚太区的金牌合作伙伴，从产品代理和系统集成商发展到专业的建筑智能化系统设计、研发、总包、运维一体化的企业，从一家客户发展到近千家用户，有了为英特尔、迪士尼、世博会、上海中心等标志性项目建设服务的机会。创业的磨砺和创新的收获，使新联从一家名不见经传的公司一跃成为上海市高新技术企业、上海市科技小巨人（培育）企业、上海市专利示范企业、上海市"专精特新"企业。2016年9月6日，企业成功在全国中小企业股份转让系统（新三板）成功挂牌。

二、科技创新智慧 "客流眼" 问世

中国改革开放40年来，我印象最深的是2010年上海世博会。2007年，当我得知上海将举办世博会时，就主动与上海世博局和市科委等部门联系，建议采用智能视频识别技术对世博会的人流进行科学管控。通俗地说，就是为架设在世博会场馆的摄像机设计和开发一个人工大脑，通过图像自动比对，来分析人流密度和统计人数。经过专家评审，这个创新方案最终被采纳，并被科技部列为世博科技支撑项目。经过两年多的研发，第一代产品问世了，我给它起了一个名

字——客流眼。经第三方权威机构检测，"客流眼"的识别精度可达到90%以上，各项指标均超过国外同类产品，获得了3项软件著作权，并申报了19项发明专利和2项商标注册。经上海科技情报所查新检索后出具的报告认定：该项目具有新颖性和良好的市场应用价值。2009年12月15日，项目顺利通过了由国家科技部委托上海市科委组织的验收。

2010年3月，"客流眼"在上海世博园区安家落户，园区运营指挥中心、中国馆、法国馆、船舶馆、太空馆、人保馆、世博轴、园区交通银行等纷纷完成了"客流眼"的安装调试工作，一张客流信息视频采集网在世博园区铺设成功，静待游客入园。2010年4月20日，针对世博会试运行第一天地铁马当路站大量客流满溢的情况，世博交通协调保障中心立即做出在地铁站周边安装"客流眼"的决定，以便实时监控客流情况，预警大客流溢出现象，为世博会的安全提供最有力、最及时的保障。"客流眼"项目团队克服了时间短、任务重的困难，硬是在2天时间内实现了该区域"客流眼"的全覆盖，完成了一个几乎不可能完成的任务。在上海世博会的184天里，"客流眼"不知疲倦地为客流安全站岗放哨，为确保游客人身安全出了一份力！

世博会结束后，我收到了上海世博会事务协调局信息化部寄来的一封热情洋溢的感谢信，信中写道："及时掌握正确预判整体及区域客流量是保证世博会安全、有序、稳定运行的重要保障条件之一。上海新联纬讯科技发展股份有限公司利用其参与的国家科技部国家科技支撑计划（世博专项）课题'基于射频识别技术的世博园区客流导引系统开发及工程应用'（项目编号：2007BAK27B02）所取得的成果'智能视频识别系统'为上海世博会的客流量数据采集做出了重要贡献，体现了一个上海本土成熟IT企业先进的技术能力和较强的项目实施能力。"

"客流眼"的应用，为2010年中国上海世博会的7000万客流提供了安全保障，为"成功、精彩、难忘"的上海世博会增添了一道彩虹！但"客流眼"的成功绝不是偶然的，它凝聚了全体新联人的科技创新智慧。因此，"客流眼"研发团队获得了"上海世博工作先进集体"称号；"客流眼"也以其独特的魅力荣获了2010年中华全国工商业联合会科技进步奖，并且在2012年荣获上海市科技进步二等奖。我个人也获得了科技部"世博先进个人"称号。

三、坚守自主创新，助力民族品牌崛起

"客流眼"的成功，让新联纬讯体验到了科技创新的无穷魅力，也品尝到了企业坚持自主创新的甘甜！世博会结束后，公司瞄准国际同类产品和技术的发展方向，从打造公共安全到城市智能管理到商业模式转型，通过坚持不懈的科技创新，将"客流眼"从"第一代"产品提升到了"第三代"产品。与第一代产品相比，第三代产品不仅体积小、精度高，而且成本也降低了50%。第三代产品支持移动互联网和APP，应用前景更为广阔。2014年，第三代"客流眼"被列入"上海智造"产品名录。

2015年，新联纬讯推又出了第四代"客流眼"。"客流眼"在广州亚运会等重大国际赛事中也发挥了不可替代的作用。外滩"12·31"事件发生后，在黄浦区委和区政府、黄浦区市政管理委员会、黄浦区公安分局的大力支持下，"客流眼"在外滩、田子坊和豫园迅速布防，为2015年春节的大客流监控保驾护航，并产生明显效果，受到人民群众和媒体的高度关注和好评，取得了较好的社会效益。

2015年10月1日，《新闻晨报》播发了一条新闻：上海"十一"启用Wi-Fi嗅探客流眼等监控外滩客流。报道指出，国庆黄金周期间，上海各大景区将迎来客流高峰。外滩作为上海标志性景点，为应对"十一"可能出现的大客流，黄浦警方今天正式启用客流监控及预警指挥平台，利用手机基站信号采集、Wi-Fi嗅探、客流眼等高科技技术，实现每半小时更新一次实时客流。根据事先预设的不同警戒线人数，进行分色预警，一旦客流超过警戒线将采取相应的分流措施。这是上海警方首次尝试、探索利用新技术进行客流量的实时采集。警方表示，通过这些技术的综合运用进行客流的统计和预警，是警方在大客流安保工作上的一种探索和尝试，今后将在其他大型活动中推广。

2017年夏天，我带着精心研发的第五代"客流眼"，参加了第四届上海国际科普产品博览会，产品基于视频大数据分析的景区大客流管理系统，将人工智能技术与大数据技术实现了完美的结合，系统可容纳一座城市或一个行政区域内的所有景区客流大数据，结合天气、节假日、票务、交通等多元异构信息，以高能运算和海量存储为中枢，以模式识别和深度学习为核心，实现大客流的预测、预判、预警。从原先的客流实时监控提升到客流预测分析，为决策管理服务。产品经上海市科学情报所查新咨询，具有"新颖性"和"国内领先水平"。在这次展会上，第五代"客流眼"获得了科技创新奖。

"客流眼"在人群密集场所的应用，是新时代科技创新的成果。借助"客流眼"，可以实时分析人群密集场所的人流密度，根据"客流眼"的实时性、可视性、智能性，可以及时做出预警预测分析，从而实现人流应急疏导，防止踩踏事件发生。目前"客流眼"已经成功应用于上海中心、上海科技馆、上海外滩、新天地、田子坊、豫园等主要旅游景点，成为"上海智造"的一张名片。伴随着"客流眼"的不断创新，我们的技术也从建筑智能提升到了人工智能，业务也从建筑智能发展到了智慧城市。新时代给了我们民营企业家更多创新的活力和施展才华的空间！

2017年11月24日，中国工商业联合会第十二次全国代表大会在京西宾馆隆重举行。李克强总理代表中共中央政治局、国务院向大会的召开表示祝贺。作为上海市的工商联代表出席会议，我感到心情十分激动。这次出席十二大的947名代表，代表着全国2500万家民营企业，责任重大，使命光荣。大会通过了《以习近平新时代中国特色社会主义思想为指导奋力开创新时代工商联事业新局面》的报告。报告号召广大非公有制经济人士"弘扬企业家精神，争做新时代表率"，积极引导企业创新发展，引导小微企业走"专精特新"之路。李克强总理在贺词中也希望广大民营企业抓住新一轮科技革命和产业变革机遇，适应消费升级需求，全面变革生产、管理、营销模式，加快供给创新和品质提升，增强企业核心竞争力，培育更多知名品牌，打造更多"百年老店"。

我与新时代有缘，新联纬讯与新时代有缘。没有改革开放，就没有科技人员的新时代！我们要在自主创新、做精做强的基础上，推动民族品牌战略的实施。我将与新联纬讯的全体员工一起，一如既往、奋勇前行，积极响应党中央的号召，接过历史的接力棒，为实现中华民族的伟大复兴而努力奋斗！

乘着改革东风　缔造百年熊猫

上海熊猫机械（集团）有限公司董事长　池学聪

2018年，中国迎来了改革开放40周年。这40年间，改革开放为中国发展提供了强劲动力；这四十年来，每一个中国人都沐浴着改革的春风、享受着开放的果实……改革开放让民营企业也迎来了发展的春天！

一、"永嘉熊猫"扎根上海，闻名全国

1990年，我25岁，已在商海摸爬滚打了好几年。我在皮鞋厂打过工，在乡下做过木工学徒，在乡镇企业做过推销员，有了一点人生经验，也了解了商海的一些规律。虽然做了几年的销售工作，业绩不菲，但一直是卖别人的产品，推销别人的品牌，心里总不是滋味儿。我心里的创业欲望在萌动。那一年，我毅然用自己的积蓄成立了"浙江永嘉淋浴器厂"，主要生产淋浴器喷头，并自任厂长。我经过详细的市场调查，摸清了市场需求行情，然后就自己设计、自己生产、自己销售。凭着可靠的产品质量，良好的售后服务和商业信誉，加上自己以前几年开拓的销售渠道，工厂生产的淋浴器进入了全国各大城市的大商场，并且成为畅销产品。

1994年，我投资成立了"浙江永嘉熊猫清洗机厂"，专门生产洗车用的高压水枪。办厂容易，生产产品难，特别是生产质量好的产品更难。做过车工的妻子甘当助手，在我们对产品进行一次又一次的改进、试生产，又改进、又试生产的过程中，产品性能不断提升，质量也更加可靠，最终产品终于定型。经过近两年的艰苦奋斗，1996年，"熊猫"牌汽车清洗机在全国的市场份额排名第一位，成了市场上的抢手货，我的事业又一次成功了。经过几年的发展，"永嘉熊猫"在市场上风光无限，长成了一棵大树。

1998年，我怀着满腔热情，来到了上海市青浦区，立刻被青浦人的热情、真诚所感动，于是把企业的基地选定在青浦这片希望的热土上，投资成立了"上海熊猫清洗机厂"，自任厂长。"永嘉熊猫"不是简单地迁移到上海，而是通过不断技术创新，视质量为企业生命，不断开发出质量稳定、可靠且符合客户需求的特色产品。当时，产品获得了客户的广泛认可，占据国内市场70%的份额，成为闻名全国的品牌产品。

那时的上海，也迎来新一轮的发展期。随着改革开放的不断深入，城市化步伐的加快，上海高层建筑如雨后春笋般涌现。随着高层建筑的出现，必然需要供水、排水、供电设备相配套。我和团队又一次做出了战略性选择，即目光不再只瞄准汽车清洗机这单一产品，而是要开发新的项目，把企业做成多品种发展、多样化经营的企业集团。2000年8月，"上海熊猫机械（集团）有限公司"正式成立。它是一家集研发、生产、销售为一体的现代化高新技术企业，注册资金1.2亿元，公司的产品涉及水泵、无负压供水设备、智能箱式水泵站、中水处理设备、电气控制设备、成套供水设备、压缩机、清洗机等系列。

现在，经过十多年的高速发展，公司已经拥有六大生产基地、3500多名员工、38家分子公司、286个办事处及350多个售后网点，成为泵行业综合实力上海市排名第一、建筑楼宇用泵市场占有率全国第一、年销售额近20亿元的大型机械工业企业集团。

二、专注专业，创新科技

创新是企业的灵魂。科技创新是企业核心竞争力的源泉，没有科技创新就没有上海熊猫机械集团的今天。在熊猫集团公司的十六大系列产品中，拥有专利技术250多项，基本上覆盖了公司全部产品。先进科技铸就行业巅峰。公司成为第一家同时承担起草两项国标的企业，部分产品专利技术填补了国内空白。其中4项专利产品被列入《国家建筑标准设计图案》，5项专利产品被列为上海市高新技术成果转化项目，6项产品被认定为"国家重点新产品"及"上海市重点新产品"，2个项目荣获第十三届全国"星火杯发明金奖"。公司获得了石油、电力、消防等相关行业入网许可证，同时还获得了ISO9001:2000国际质量管理体系认证证书、上海市高新技术企业认定证书、CCC认证证书、CE认证证书、AAA资信等级证书等，并荣获上海市先进企业、上海市科技小巨人企业、上海市名牌产品、上海市著名商标，连续十年入选青浦区纳税百强企业。

为了保证公司能够稳定持续发展，也为了能不断提高公司产品的市场竞争力，公司成立了由100多名科技人员组成的专业研发技术部，建立了以"性能优越、运行可靠、诚信服务、持续改进"为方针的完善的质量管理体系。公司依靠自身力量搞新产品的研发，每年都有20多项创新专利产生。目前，公司产品80%都拥有自己的自主知识产权。其中，公司研发的自动搅匀排污泵是国内最先进，也是世界上最好的排污泵之一；公司研发生产的AAB联轴多级泵填补了国内泵类产品采用轴冷技术的空白，全国第一家推出智慧标准泵房……这一切，确保了公司产品质量长期稳定可靠，为公司长远的稳定、快速发展和树立"熊猫"卓越品牌地位奠定了坚实的基础。

现代企业需要核心竞争力，我们只有以先进高效的管理模式，以技术、人才和完善的网络八大管理系统平台优势来最终实现产品和品牌的优势，才能夯实基业，打造百年"熊猫"。我们的企业管理着眼数字化、智能化、网络化，致力于为客户提供VIP一站式服务，实现了网络远程监控，开创了行业先河，显现出强劲的科技发展势头。熊猫作为科技型企业跨上了一个新的台阶。

近年来，为了加速技术创新，确保产品"零缺陷"，公司特聘请有关专家为"熊猫"量身制定了八大先进的信息化管理体系：①生产上的ERP资源管理系统；②营销上的CRM客户关系管理系统；③研发上的PLM产品生命周期管理系统；④绩效统计上的熊猫研发绩效管理系统；

⑤售后管理上的熊猫研发售后管理系统；⑥质量管理上的熊猫研发质量控制系统；⑦财务管理上的K3/ERP财务管理系统；⑧在数据分析管理上的BI商业智能平台。这八大信息化管理系统，能够让"熊猫"的高层管理人员全面有效地掌控公司的一切情况。这样的信息化系统，不仅是国内泵企业首创，而且在国际上也是先进的。

三、"熊猫人"的三要素

"熊猫人"来自五湖四海。我和我的团队强调，要成为真正的"熊猫人"，必须具备三要素，即"做人""创新""结果"。员工要超越自我，创造奇迹。每个人都有一个目标、一个方向，每个人每个月每一年都要回头看看自己走过的路，想创造奇迹就要知道奇迹从何而来。要知道做的每一件事都要正确，而且要知道结果。所以作为"熊猫人"，他们工作上兢兢业业、勤奋苦干，他们团结上进、蓬勃自信，他们拧成一股绳，为"熊猫集团"的明天而奋力拼搏。公司上下达成了一个共识，即在激烈的市场竞争中，要努力打造自己企业的核心竞争力：一是练就一支高人一等的企业团队；二是要研发、生产领导行业潮流的优质产品；三是要创造卓越的"熊猫"品牌。为此，全体"熊猫人"从上到下都把公司当成自己温馨的家，把"熊猫事业"当成自己的事业。打铁先要自身硬，为此，"熊猫人"每年都要聘请大学或科研机构的专家院士来到"熊猫"，开办专业知识技术培训班，每个"熊猫人"每年都要有不少于72小时的培训。从我自己开始，从上到下一个不落，都要老老实实坐进教室接受培训，力争把"熊猫"打造成一个名副其实的学习型企业。

我能从一个普通的学徒到现在成为一个拥有数千员工的企业集团老总，已是感恩不已，我要做的不只是乘着改革开放的东风继续前行，更是要将这种感恩之情回报给社会。一直以来，我带领"熊猫人"积极履行社会责任，助学、扶贫、赈灾，一次次善举诠释了我们"熊猫人"上善若水、大爱无疆的执着追求。

我将继续带领我们"熊猫人"积极践行习近平新时代中国特色社会主义思想，全心全意为实现中华民族伟大复兴的中国梦而努力奋斗。

改革开放让民营快递业做大做强

圆通速递董事局主席兼总裁　喻会蛟

　　40年前，改革开放的东风吹拂中国大地，释放了无限的生产力。在改革开放的浪潮下，快递和电商成为新经济耀眼的"双子星"，快递成为中国人新的"开门七件事"之一。圆通速递的成长就是中国快递业发展的一个缩影。圆通赶上了一个好时代，我们选择了一个好行业，我将在快递物流业发展的道路上不断前行，砥砺奋进。

一、中国民营快递业在市场经济中起步

　　1979年，随着国际快递首次进入中国，中国快递业也正式起步。而中国民营快递始于1993年，也就是在邓小平同志发表"南方谈话"的第二年。这一年，对很多浙江人来说，是一个新的开始。浙江省经过工商注册的个体工商户有153.2万户，注册资金达40亿元。这些个体工商户中有不少是从事外贸业务的，而外贸报关单就是民营快递公司最开始时的主要业务。

　　几年间，一家又一家民营快递公司相继成立，尤其是浙江桐庐人创立的多家快递公司，后来扛起了中国快递业的半壁江山，桐庐因此

也成为中国"快递之乡"。

我也是桐庐人。2000年5月28日，这是我一生难忘的日子，圆通速递成立。这一天，圆通速递在上海长宁区的一个居民区仓库里开张营业，从此我正式从拼搏多年的装修行业"跨界"进入快递行业。我拿着想方设法东拼西凑的5万元，带着17名员工，还有一辆桑塔纳汽车和几辆自行车，在这个集办公、住宿、操作于一体的150平方米的仓库内，经历了艰难的初创阶段。

一开始，生意清淡，一个月亏损多达20万元。那几年，员工每个月只发600元的生活补贴，有时候买汽油都要向人借钱，还要向旁边的米店老板赊账才能让员工吃上一口饱饭。

为了将公司支撑下去，我每天既当老板又当伙计。每天6点起床，常常忙到深夜12点才睡觉，不仅要跑业务，还得干搬运等杂活。特别艰难的那几年里，我咬牙坚持，从来没有说过一句泄气的话。我告诉自己：眼泪全部咽在肚子里，没有人同情你。自己不怕苦不怕累，对朋友赤胆忠心，员工也会跟着自己。

当然，我也不是盲目苦熬。我看到了改革开放带来的市场活力，也隐隐预感到互联网带来的市场趋势。

二、提质增效、变革创新，实现企业跨越式发展

改革开放不断为中国快递带来发展红利。多年来，圆通不断迎难而上、敢于创新、挑战自我，创造了多个行业内的领先。比如，2002

年前后，国内大部分快递公司还在与邮政体系"对标"：只有周一至周五工作日送件，周末休息。我洞察到客户有周末快递服务需求，圆通率先在行业内提出"24小时不间断，一周七天不休息"的口号。2003年，圆通速递率先在行业提出"全年无休"服务，成了快递行业首家实行"全年无休"的企业，如今已成为快递行业的惯例。2005年，圆通成为淘宝网第一个战略合作的快递企业。伴随淘宝的扩张，圆通在此后3年间乘势而上，仅通过淘宝送出的快递件数，就从2000件暴增到28万件，一举成长为国内大型快递企业之一，并推动了快递企业与电商的深度融合，促进了电商和快递行业的共同发展。

2007年，我跟随国家邮政局及相关领导前往美国考察学习。在联邦快递位于孟菲斯的北美物流中心，我亲眼见到多架货运飞机不停起落来去，流水线与分拣中心是连廊的，分拣中心完全自动化，货物从飞机货舱卸载后，直接进入流水线，进行自动分拣与封装。

美国之行让我见识到国际巨头在信息化方面的实力，这促使我决心迎头赶上。回国后，我对公司提出了"一个目标，两项举措"的发展思路。"一个目标"是"做中国人的快递"；"两项举措"一是让信息化提高生产力，让信息化引领圆通的未来，二是要打造圆通航空公司。

为了实现这个"圆通梦"，我足足用了7年时间。2014年9月，圆通航空公司正式获批成立。2015年9月，圆通第一架自有货机起航。2015年，国家主席习近平在访美首站西雅图考察波音公司期间，圆通航空与美国波音正式签订B737-800BCF全球启动用户协议，买下15架波音飞机，创下国内民营快递史上最大规模的飞机"团购"。圆通的信息化也是行业中最早起步的，2010年，圆通与IBM签署战略合作协议。2011年5月，圆通自主研发的"金刚"系统正式上线，实现了每一票快递"全生命周期"的可视可控。

行业发展过程中，第一次让所有快递人深为振奋的一件事是：2009年，修订版《中华人民共和国邮政法》正式实施。邮政法首次将快递业务纳入调整范畴，这确立了快递企业的法律地位，并提出了"鼓励竞争、促进发展"的原则，极大地释放了快递发展活力。

从此，长期以来定位不清、管理模糊的快递有了合法的身份。快递行业成为少见的连续5年增速超过50%的高速发展行业。全国快件量以每年突破一百亿件的数量猛增：2014年，首次超过100亿件，中国成为全球快递第一大国；2015年，突破200亿件；2016年，突破300亿件；2017年，再次毫无悬念地突破400亿件，占全球快递业务量的50%……在这期间，圆通也得到了跨越式发展。目前，圆通拥有40万名员工，10架自有全货机，转运中心118个，县级以上城市网络覆盖率达98%，日均快件量已超2000万，市场占有率居行业前列；圆通国际网络覆盖4大洲，拥有国际直营站点60余个，覆盖50多个国家和地区，开通国际航线2000多条，并于2016年10月，率先登陆A股资本市场成功上市。

三、新时代，新使命，开启"二次创业"新征程

改革开放40年使我国经济得到了前所未有的发展，促进了快递物流业的跨越式的发展。党的十九大明确提到"加强铁路、航空、物流等基础设施网络建设"。国家和政府连续出台了支持快递行业发展的多个政策。比如，2018年1月23日，国务院办公厅发布2018年1号文件——《国务院办公厅关于推进电子商务与快递物流协同发展的意见》。其中，18条意见直指定价权、末端网点保障、数据共享等行业热点、痛点问题。

中国特色社会主义进入新时代，"一带一路"建设、供给侧结构性改革等为快递行业带来新机遇；互联网、物联网技术应用加速渗透，为快递业创新发展、高质量发展提供新引擎。但同时，在人们需求的刚性上涨、不断升级面前，快递物流业在结构、地域等方面不平衡、不充分的矛盾日益突出，行业规范性、末端网点稳定性等发展中亟须解决的问题不断显现，快递行业"转型升级"已经成为一道十分迫切、不容再等的必答题。

中国快递物流业已进入全新的发展阶段，快递物流业总体呈现"五个融合"的发展态势：一是物联网和互联网融合；二是快递和物流融合；三是上下游产业链融合；四是国内国际融合；五是资本和人才技术融合。

2017年，圆通在国际化布局上跨出了一大步，圆通战略控股香港

上市公司先达国际，这是中国民营快递跨境第一购；圆通牵头发起启动"全球包裹联盟"（GPA）；圆通战略投资"义新欧"班列的运营和"一带一路"捷克中心的建设。"义新欧"是目前运行线路最多、装载效率最高、经营模式最新的一条中欧班列，也是"一带一路"建设的重点项目。

新时代，新使命！

中国改革开放的步伐不会停止，圆通变革创新的步伐也不会停止。2018年是圆通"二次创业"的开局之年。我们将不断变革创新、提质增效，为新时代中国快递物流业的转型升级和中国经济的高质量发展做出更大的贡献。

走过四十年

正泰集团股份有限公司执行总裁　南存飞

2018年，是中国改革开放40周年。站在这样一个具有历史意义的时间节点上，回望来时的路，让人心生感慨。

四十年风云际会，四十年春华秋实，从创业者，到下一代创业的呵护者，我身在其中，也深受其益。

早年投身创业的正泰集团，如今已发展成为中国工业电器龙头企业和新能源领军企业。年销售额达600亿元，员工3万余名，产品畅销世界140多个国家和地区。集团综合实力名列中国民营企业500强前列，旗下的浙江正泰电器股份有限公司系国内低压电器行业产销量最大的企业，也是上海A股首家以低压电器为主营业务的上市公司。

我的长子南逸从牛津大学毕业后，创办寰泰能源，围绕"一带一路"建设，专注于绿色能源投资、开发、建设和运维。公司已相继在俄罗斯、哈萨克斯坦、美国、加拿大、澳大利亚等国家开拓了业务，在中国的香港、内蒙古、辽宁、浙江、江苏、河南等地设立了子公司或分支机构。2017年并网发电50MW，今年预计累计并网发电450MW。由寰泰能源投资建设的哈萨克斯坦100MW光伏电站被列入"中哈产能合作重点项目清单"。

这一切成绩的取得，离不开国家改革开放政策的指引及各级政府的有力引导、支持和鼓励。

一、穷则思变

记得小时候，家里条件非常差，房子连木梁都没有，都是竹排搭成，一来台风，家里就淹水，一家人就都坐在床上不下地，要是雨势再大些，便连床都淹了。印象最深刻的就是外面下大雨，屋里下小雨，母亲打着伞，我们在床上睡觉。有一次父亲在村里干活的时候被水泵砸伤了脚，不能再下地，从那之后，家里的情况更是雪上加霜。长兄南存辉十一二岁就开始补鞋赚钱补贴家用，母亲为了多赚些钱，做的是村里工厂最重最累的活儿。

1978年12月，党的十一届三中全会做出把党和国家的工作重心转移到经济建设上来，并要实行改革开放的历史性决策。此后几年，乡镇企业异军突起、"私营经济是社会主义公有制经济的补充"载入宪法、对外开放14个沿海港口城市……从农村到城市，从集体到个人，改革大潮风起云涌。

1983年夏天，那一年我13岁，第一次只身从乐清前往宁波买胶木件，坐汽车十几个小时到达宁波南站。第二天到胶木厂买了材料拉到宁波东站拖运，自己乘次日的汽车回乐清。那时候条件非常艰苦，天气很热，觉都睡不着，让我始尝创业的艰辛。

1984年，家乡温州柳市如雨后春笋般地冒出许多生产低压电器的作坊。长兄和朋友合伙，在这股创业的浪潮中办起了"求精开关厂"。此时，我自营电器门店已有十几万元的资金积累，根据发展需要，我加盟了"求精"，成为这家以"精益求精"为理念的企业的主要经营者之一。

那时候的柳市，低压电器市场发展很快，但以次充好、偷工减料生产伪劣产品的人也不少。因此，柳市低压电器一度成为假冒伪劣的代名词。那几年，有关部门对柳市低压电器市场进行了3次拉网式的清理整顿。由于对产品质量的一丝不苟、精益求精，求精开关厂每次都因产品质量过硬而受到褒奖。优质产品赢得了信誉，占领了市场，"求精"产品在全国畅销，1991年产值达到1000万元，也使原始股东完成了最初的资金积累。

二、变则思富

1991年下半年，求精开关厂一分为二，我们成立了中美合资温州正泰电器有限公司，引进国外先进技术和设备，并充分利用合资企业的优惠政策，发展壮大企业实力。

当时，社会上一度弥漫着"计划与市场""姓'社'还是姓'资'"的争论，改革开放徘徊不前。1992年，邓小平同志的"南方谈话"为社会发展指明了方向，随后，400多份约束经商的文件被修改或废止。1993年11月，十四届三中全会审议并通过了《中共中央关于建立社会主义市场经济体制若干问题的决定》，为社会主义市场经济体制构建起基本框架。民营企业迎来又一个发展的春天。

顺势而为，正泰正式走上了"科技兴业，质量创牌"之路。正泰开始投资兴建标准化厂房，吸引八方人才，提高产品品质，扩大销售渠道。从1993年下半年开始，经济增长方式开始由粗放型向集约型转变。正泰以资产为纽带，以产业为龙头，以市场为导向，实行"纵合横联"。1994年2月，正泰集团正式成立，成为国内低压电器行业第一家企业集团，走上了集团化经营之路。

1998年，在国家强力推进现代企业制度建设、实现股权多元化的政策引导下，我们走出了家庭经营的模式，按照《公司法》和现代企业制度的要求，开始了股份制改造，企业管理逐步实现了由"人治"到"法治"的转型。同时利用股权利器，吸引了大批技术人才参与开发新产品，企业技术实现了由"跟随型"到"领先型"的转变。

此后，正泰步入了发展的快车道，到2003年，我所在的正泰集团，已是一家总资产20亿元，年产值达80亿元，年创利税6亿元的跨行业、跨地区、跨国家的国家级大型企业集团。然而，面对入世后的激烈竞争，民族工业面临被吞食的危险，正泰如何突出重围，如何才能在巩固低压电器市场地位的同时，通过结构调整实现产业升级，成为我们亟待破解的难题。

同年7月，浙江省委省政府提出"主动融入长三角，打造国际化先进制造业基地"的战略部署，我们积极响应号召，开展了一系列实质性的接轨长三角的行动。我们投资35亿元，在松江建造一座占地1500亩的大型产业基地，进军中上游输变电设备，这个项目被列入上海市20家重大产业升级项目。

我们从零开始，先后引进一批教授级高工、博士等专家和高级技术人才，力主从高起点开发高压电气产品。我们自主研发的多项产品荣列"国家重点新产品""国家火炬计划项目""上海市重大技术装备研制专项"，并填补了国内空白；正泰电气也被评为"国家级火炬计划优秀高新技术企业"和"上海市高新技术企业"，拥有"国家级技术研发中心"和"上海市认定企业技术中心"。

我们高度重视市场开拓，在2005年上海工博会上，我们与国际巨鳄同台竞技，展厅面积达1200平方米，初次亮相的正泰尽显"电气豪门"风采，大气现代的展厅设计、系列化的高新技术产品使得正泰展馆独树一帜，吸引了国内外客商纷至沓来，造访人次达5000余人。我们通过构建400多人的项目经理团队，以及200多人的国际营销团队，使公司的销售收入从最初的12亿元达到了2012年的41亿元，成为国内进出口排名前列的输配电企业。

质量是立企之本，我们确定了"以质量求生存，以名牌闯市场"的战略目标，花大力气狠抓质量管理工作，公司先后通过了ISO90001\14001、OSHAS18001等质量认证，并在2012年成功获得"上海市质量管理奖"，高品质熔铸了企业发展的"生命支点"。

如今，位于松江的正泰电气已经成为中国领先的智能电气系统解决方案供应商，保持了年均两位数的业绩增长，2015年突破100亿元大关，上缴税收超过3亿元，位列中国电气工业100强前30位，上海企业100强第79位。

与此同时，2015年下半年，长子南逸提出想做海外能源投资，借国家"一带一路"建设的东风及一系列发展新能源的政策利好，做一个"走出去"的民营企业家，促进对外产能合作、境外市场开拓以及国产装备出口。定位清晰，想法也比较成熟，于是我也调整战略，担任其公司首席顾问，支持他创业。

寰泰能源在创办之初，便将秉承"全球布局、稳健经营、合作共赢、利益共享"作为企业的发展理念，促进"资金资本、资源资本和人才资本"的深度合作。在项目公司股权激励的基础上，通过拟上市公司股东合伙企业股权转让的方式，推行服务团队股权激励，做到让全体员工分享公司发展成果。

在此过程中，我们体会到，企业通过参与国际市场合作与竞争而焕发了新的生机和活力，获得了前所未有的市场空间和投资机遇。同时，中国企业"走出去"的过程，也是弘扬中华优秀传统文化的过程，在合作中，"以和为贵""和而不同"等中华传统理念在世界上得到更多认同。

三、富则思源

我们深深体会到，在企业的发展过程中，党组织发挥了重要作用。正泰党组织于1993年7月成立。党组织提出，将"振兴民族工业，争创世界名牌"作为企业理念，在全公司广泛深入地进行宣传教育，以提高企业负责人和全体员工的思想境界。我们这些企业创始人在这种潜移默化的渗透中，逐渐走出了原来的"以获取利润为目的"的狭隘思想，超越自我，把办好企业作为自己对国家、对社会的贡献，作为自己的历史使命和责任。企业管理人员和工程技术人员不再抱着雇佣的观点来打工，而是把自己视为企业的主人，积极投入管理和设计开发中。员工消除了打工挣钱的陈旧观念，树立了有利于企业生产力发展的整体价值观。党组织给企业带来的是政治上的凝聚力、组织上的保障力、教育上的感召力和纪律上的约束力，党的建设成为企业发展重要的"红色动力"。

致富思源不忘本。邓小平同志提出，"让一部分人先富起来，先富带后富，最终实现共同富裕"。我们在改革开放政策下逐渐富裕起来，但我们不能忘记应履行的社会责任。企业既是以盈利为目的的经济组织，同时也是社会的细胞，应该承担一定的社会责任，为社会的和谐发展做出自己的贡献。为此，我们积极参与光彩事业，回报社会，发起"助老"送温暖、捐助雅安地震、参与西部光彩帮扶等活动。组织松江区政协企业家委员沙龙向上海市慈善基金会松江区分会捐款，成立"松江区政协委员慈善专项基金"定向资助贫困人群。

老一辈"义利并举"的价值观也影响了下一代。2017年年底，长子南逸结婚时，没有大操大办，一切从简，但他却通过光促会向西双版纳教育事业捐献了100万元人民币。

改革开放的意义，对我们来说，不只是生活条件的改善，也不只是出行的便利，而是对企业家以及企业家精神的培育，我想这将成为中国未来发展的新生力量和不竭动力。

声　明

　　由于此书内容征集和编辑出版时间紧张，疏漏之处还请读者谅解。同时，如果存在作品曾经公开发表，请作者与我社联系，洽谈稿费事宜。

《我与改革开放四十年》编写组

2018年12月